海派 商学研究

Studies on
Business of Shanghai School

主编／魏航

1

2024 年 12 月第 1 辑

上海财经大学商学院　主办

专题统筹：陆丽娜

执行编辑：杜佳峰

上海财经大学出版社
SHANGHAI UNIVERSITY OF FINANCE & ECONOMICS PRESS

图书在版编目（CIP）数据

海派商学研究. 第 1 辑 / 魏航主编. -- 上海 ： 上海
财经大学出版社, 2025. 1. -- ISBN 978-7-5642-4558-0

I. F712

中国国家版本馆 CIP 数据核字第 202483HA44 号

海派商学研究：第 1 辑

编 著 者：魏　航　主编

责任编辑：朱静怡

封面设计：张克瑶

出版发行：上海财经大学出版社有限公司

地　　址：上海市中山北一路 369 号　　（邮编 200083）

网　　址：http://www.sufep.com

电子邮箱：webmaster@sufep.com

经　　销：全国新华书店

印刷装订：上海华业装璜印刷厂有限公司

开　　本：787mm × 1092mm　1/16

印　　张：8.25

字　　数：135 千

版　　次：2025 年 1 月第 1 版

印　　次：2025 年 1 月第 1 次印刷

定　　价：48.00 元

创刊词

在近代中国，不仅出现了赛先生（科学）、德先生（民主），还有一位贝先生（Business，商业），他们在思想、政治和经济领域引领着中国现代化的发展。从物质经济层面看，贝先生直接作用于政府的国计民生和百姓的日常生活，缓慢而不可阻挡地影响着历史的进程。上海自 19 世纪中叶崛起后，逐渐成为中国最大的贸易、金融与工商业之都，贝先生在这里也发展得更加充分。

回溯商学研究，上海在历史上"遇见"过机遇，而现在更需要的是"预见"机遇。如何预见和引领商学研究？与国家发展并进，归于本土化发展。商科的教育和研究要转变借鉴和模仿国外先进经验的模式，更加注重本土化，关注中国的经济和管理问题，形成区别于国外的商科发展模式。相比国际化，更迫切的是本土化。在了解外部环境的同时，还要关心中国问题，关注中国实践，关怀中国国情，凭借中国智慧，提出中国方案，发出中国声音，把学问做在中国大地之上。

同样，在建构中国自主知识体系的工商管理学科中，也要发扬海派精神，"以我为主、为我所用"。对于"自主知识体系"，很多人会误读，将自主和原创直接画了等号，认为所有的知识都必须独立原创。上海史大家陈旭麓在总结海派特点时也提出，海派是开新（不是创新），即开放纳新。我们从中国经济、产业、企业的实践需求出发，凡是优秀的管理理论、管理工具、商学案例等，都可以被整合、被消化、被集成到我们的体系中。用一句话概括中国自主商学知识体系的构建：

由中国自主设计，我们自己去构建完成的中国人才培养所需的知识体系。

《海派商学研究》是上海财经大学商学院为推动中国自主商学发展而创办的一本学术研究辑刊。海派商学研究主旨是：围绕经济、管理、商业史三大主题，基于扎实的材料与数据，使用新颖合适的方法路径，探索中国商业文明中海量案例，揭示海派精神；期望破除学科分类与研究专业的藩篱，促进商科与历史、社会、政治、艺术的大融合，推动跨学科的商学研究。

《海派商学研究》希望依托上海特点、上财优势，为上海财经大学商学贡献声音和能力，探索"海派商学"的精神内核，成为传播商业文明的载体，用深刻的思辨来激发想象和践行。

主编：

目　录
CONTENTS

编者按
EDITORIAL

"海派"是什么？陈旭麓说："其实海派的原意，一是'开新'（不是创新），二是灵活性，反映了如何对待西方文化和传统文化的关系。"[1] 这种观点表达出近现代上海有一种"开放纳新、灵活变通"的独特氛围。与之对应，近现代上海有一种独特的商业现象：虽然完全由本地原创产生的新器物、新技术、新文化和新思想并不多，但上海却从来不缺少新事物，并且还能持续引领全国的商业新风尚。这是因为上海本土创新不足被大量引进移入的新事物所弥补，"开新"和"灵活"使上海有一种接纳外来新事物生长繁荣的友好环境。发源外部的新事物，经过上海的遴选扬弃、融合发展、本土优化，最终呈现中外并举、新旧兼容的争鸣状态。

本辑《海派商学研究》聚焦"海派商业"，共9篇文章，分企业家研究、产业研究、中国与世界、书评四个板块。"企业家研究"关注商人，分别研究张謇、洞庭商人、聂云台、在沪北欧商人等近代在沪商人群体。"产业研究"侧重商业，从快递企业的视角回顾当代消费零售业的演变史。"中国与世界"探讨传统与现代、中国与世界等"海派"问题，如近代中西会计思想改良中式（收付记账法）与改革西式（借贷记账法）之争，以《美国经济评论》为视野看世界对近代中国经济问题的关注，开埠前西方"发现"上海过程中的历史曲折性。"书评"登载一篇杜恂诚六卷本新著《中国近代经济转型的历史逻辑》的读后感。

---

[1] 陈旭麓.浮想录[M].上海:复旦大学出版社,2008:90.

企业家研究

企业是市场的主体，其管理、运营由企业家主导。企业的成败，除了客观环境的影响外，最关键的是企业家的才识和能力。近代上海的环境为企业家提供了一个吸收西方企业制度、管理科学，又整合传统工坊、商号、钱庄经营管理经验的舞台。

刘守刚的《从张謇办厂看近代中国国家转型》。中国经历了漫长的历史，对于历史认知，人们更喜欢关注王朝的兴衰更迭和英雄的丰功伟绩，但事实上，不管是个人的活动，还是组织与制度的变迁，背后都有根本的制约与动力，那就是经济，它缓慢而不可阻挡地改变着国家的进程。从晚清开始，中国一直处在从传统国家向现代国家的转型过程中，并且这个过程仍在进行中，也许这是中国历史上曾经历过的深刻和根本的变化。

文章没有单纯从张謇开办的具体企业和创立的社会组织等细节入手，而是站在财政史的大视角讨论三大问题：追求利益原则在近代中国合法化、现代重工商主义思想在中国的兴起、工商从业者的社会地位突破士农工商四民体系大幅提升，最后站在兴办实业与国家现代化的高度得出结论。

范金民的《明清时期洞庭商人在长江沿线的经营活动》。文章以微观经济史分析与史学考据结合来研究商人群体——明清洞庭商人。洞庭商人指的是苏州太湖洞庭东西山两地的商人。苏州洞庭商人经商的特点是：不敢冒险，求稳而不保守，眼光精准又与时俱进。

文章基于地方志、家谱，先考察洞庭西山商人的几大家族，再考察东山商人以南京为中心从事的布匹、染料和粮食贸易。在此基础上，讨论了明清时期由东西山商人组成的苏州商帮长期把控长江中下游的绸布、米粮对流贸易的情况。太平天国战争后，洞庭商人向上海转移，开辟新的经营领域，纷纷转为外资银行和洋行的买办，转向钱庄金融业以及工业企业的经营。最后总结了以苏州洞庭商人为典型代表的江苏商人的特点——从业求稳，不用险招，谋求稳定可靠的商业利润，但并不迂执保守，能与时俱进，适时转移活动地域和经营行业。

严斌林的《聂云台实业教育思想与实践述评》。聂云台是近代上海工商界的"商潮新秀"。1920年8月25日，上海总商会进行领导人换届选举，聂云台当选新一届会长，当时上海中西人士对此积极响应，对新一届总商会领导人寄予厚望，认为总商会进入了"新时期"。事实证明，在以聂云台为代表的新派商人主持下，上海总商会一改以往暮气沉沉的"贵族商会"作风，厉行改革，参与各项社会事务，尤其重视工商业雇员、工人的专业技术培训教育。

聂云台出身洋务派家庭，是颇具新知学识和现代商业理念的新派商人，兼具多方面的特质和品格，是近代上海民族实业家中很有代表性的人物。他是洋务派曾国藩的外甥，精通棉纺织机器技术，曾带领中国商团游历考察欧美各国，开办上海新式纺织厂，在上海总商会会长任上改革推新，重视企业雇员、工人的教育，在沪开办了大量职业技能培训学校（当时称实业教育）。功在当代，利在千秋，为近现代上海拥有全国人数最多、种类最齐全的专业技术人才打下了基础。

张东宁的《沪上北贾——近代北欧商业群体与海派商业文化的形成》。文章讨论的是沪上小众的外国商人群体——北欧商人。以往对近代上海外国文化的研究，更多关注的是西方列强及东亚邻国，更多反映的是大国强国侨商在上海的印迹。而通过对北欧商人群体的研究，可以呈现更多国家丰富多彩的主体文化。

北欧国家处于欧洲的地理边缘，却有着资源特产优势和行业技术优势，如电报、冶金机器、火柴等；北欧侨商在上海也是一个特点鲜明的群体，有着独特的生活与工作观念，他们把社群传统（kommun）、建筑装饰的北欧风格（hygge）、个人价值观的詹特法则（janteloven）等带到上海，形成独具特色的商业文化。

产业研究

金任群的《近三十年消费产业链的演变史》。对商业史研究来说，企业研究院是最好的伙伴，他们是大时代的缔造者和亲历者，为商业史研究提供宝贵的材料。在瞬息万变的商业环境中，与硬科技企业相比，软技术行业的价值尤未得到发掘。它们对制定行业标准的贡献、对产业发展前景的预判、对商业模式的回顾的价值有着不可取代的贡献，这些都是海派商学要深耕的方向。

文章是当代沪上企业对行业的历史回顾与结构分析，是在中通快递有限公司的企业研究院（中通研究院）的研报基础上整理改编形成。相比近代商业史，当代正在发生的商业史处于未定型的变动中，更易受到市场涨跌、行业兴衰的左右。本文提供了一种结构分析工具，用来观察当代商业史的演变：从消费产业链 4 大链环（生产商、零售商、物流商、消费者）入手，讨论改革开放后中国零售业经历的数次线下线上的演变，分析目前线上零售遭遇的瓶颈与扭曲，设想未来零售的解决办法。

中国与世界

程霖、张申、李艳合作的《近代中国会计学构建的海派探索——以徐永祚、潘序伦为考察》。20 世纪 30 年代，改良传统与引进新式并置发展，在中国与西方交流的氛围中，近代上海逐渐形成中国自主的海派商学理论。在会计学领域中，上海发生了一场关于中国会计学的徐永祚改良与潘序伦改革的学术争论。徐永祚从本土会计实务经验和便捷性出发，主张融合中西会计思想改良中式簿记，推广收付记账法；而潘序伦更注重会计学理的科学与通用，提出引入西方会计理论改革中国会计，主张借贷记账法。

文章从中国经济思想史的视角，以一场在近代上海发生的中国会计学改良与改革的学术之争作为研究对象，分析争议的双方徐永祚、潘序伦是如何争鸣与融合的。两人学术路径虽不同，但在现实中却积极合作共事，共同发展中国会计学理论，最终共同为构建中国自主的新式会计学做出贡献。这为我们理解近代"海派"商业科学发展提供了一个经典案例。

李丹的《清末民初〈美国经济评论〉视野下的近代中国经济问题（1895—1916）》。《美国经济评论》是一本世界经济学界颇具影响力的学术刊物。通过这面"镜子"可以认识当时外部世界关注哪些中国问题，国外主流学界对近代中国经济的看法如何。在中外对照中，可以更好地认识近代中国经济的转向与商业的发展。

文章通过"他者"视角，观察清末民初时期世界经济学关心的中国经济问题，发现了中国本土经济学者学习国外理论，应用到分析与解决本土问题的过程。具体来说，有三个主要内容：以若干学者为核心的学术交流主导了全球视野下民国时期中国经济问题研究的主要方向；以稳定经济和推动贸易为目标的研究构成了这一时期研究的核心内容；以经济理论分析和数据统计分析取代历史叙述分析是近代中国经济学研究方法的转变方向。

杜佳峰的《擦肩而过与探险偶识——开埠前西方对上海的探索》。 对近代上海崛起原因已有很多思辨，开埠事件带来的全球贸易、资本主义金融与工商业等新因素对上海城市崛起的作用已被学界广泛研究，也有学者分析上海自身蕴含的优势因素，提出了"港口·城市·腹地"的模型[1]、"枢纽港"[2]等理论。本文截取欧洲人探索发现上海的几个片段，讲述开埠前英国探索上海的曲折过程。虽然受自由贸易驱动的英国访华使团三次无功而返，与上海擦肩而过，但在宗教信仰感召下的民间传教士突破清朝禁令三次来中国沿海各港口传教，却意外发现上海，随着其游记的出版，上海的航运优势进入了西方视野。这种历史的曲折性、偶然与必然，使我们重新审视资本主义在多大程度上推动了近代历史的发展前进。

18 世纪中叶至 19 世纪中叶，其一，英国正在进行工业革命，在全球范围拓展商业版图，凭借其生产力优势，通过工农业产品的价格差获利；其二，通过传教士传播英国的文明，驯服归化海外的殖民地人口，减少反抗与叛乱；其三，用舰炮强迫世界其他国家接纳英国的"自由"贸易，威胁其他国家加入英国主导的"不平等"交换的国际贸易体系。这三点关联到上海开埠事件来讲，"自由贸易"对应英国三次派遣商团或使团来华要求通商，"文明使命"对应传教士郭实猎三次冒险赴中国沿海传教，"舰炮外交"对应鸦片战争与《南京条约》。

文章希望引起对上海崛起的再思考。上海崛起有两个关键：一是开放，开埠带来进出口，国内国际两大市场的需求促进了上海成为中国货物的集散中心；二是航运，19 世纪中期"河海变局"，大运河因黄河的决口改道而阻塞，国内南北商品交流主干线改变，在铁路兴起前上海作为南北货物海运枢纽港的作用日益提升。总之，上海枢纽港整合了国内资源，开埠客观上导致了开放，开放带来了国际国内两大市场，在这些利好因素的叠加下，近代上海变发展为崛起。

---

[1] 戴鞍钢.港口城市腹地:上海与长江流域经济关系的历史考察:1843—1937[M].上海:上海社会科学院出版社,2019;吴松弟,樊如森,方书生等.港口-腹地与中国近代经济地理格局的变迁[M].济南:山东画报出版社,2023.

[2] 王列辉.驶向枢纽港:上海、宁波两港空间关系研究:1843—1941[M].杭州:浙江大学出版社,2009.

书评

周育民的《读〈中国近代经济转型的历史逻辑〉的几点心得》。 本文为周育民教授受邀出席上海财经大学举办的杜恂诚六卷本选编新书发布会的书评发言。文章将杜恂诚的经济思想概括为：厘清近代经济制度变迁的历史基础，结合西方制度经济学理论，探索中国经济史研究新范式，形成中国经济史研究的"历史逻辑"流派。

文章具体从四个方面论述：一是近代经济与旧政府的关系，表明近代政府在性质上是非现代性的；二是中国传统伦理关系和观念只是表象，阻碍经济发展的关键是传统政治与新式经济"不同质"；三是二元经济与二元社会；四是中国近代经济制度转型的两种方式：诱致型和强制型。

杜佳峰

01

企业家研究

从张謇办厂看近代中国国家转型

◎ 刘守刚*

摘　要：张謇通过兴办实业推动了南通的现代化发展，但状元办厂的意义远不止于此，从财政视野来分析这一事件中所包含的国家转型意义：它包括利益原则在中国的合法化、现代重商主义的兴起以及工商业从业者地位的上升三个方面，涉及社会心理、社会变迁、社会结构等多方面的历史特征。

关键词：张謇　利益原则　现代重商主义　工商业者社会地位

自 1840 年起，古老的中华帝国慢慢踏上国家转型之路。如何认识这一场迄今为止仍未完成的转型活动？无数的学者和众多的著作都来解读这一进程，本文尝试从清末民初的一个重要历史人物张謇（1853—1926）入手，通过他的活动来透视这场近代中国的国家转型。

张謇这个人，学问好，是 1894 年科举的状元；能力强，参赞过军务，办过教育，协助过治河救灾，是非常标准的儒家知识分子。不过，在中了状元之后，张謇却没有走传统入阁拜相、治国平天下的道路。1895 年底，他在南通办起了棉纱厂，后来赚了大钱。以此为基础，他不断兴建与民生相关的面粉厂、肥皂厂、发电厂，还建造码头、公路，甚至主持设计要把南通建成现代城市。到最后，凭借

* 刘守刚，上海财经大学公共经济与管理学院教授，研究方向为中国财政史、西方财政思想史、财政政治学，电子邮箱：liu893005@mail.sufe.edu.cn。

举办实业所取得的身份，他还参与了清末的立宪运动和中华民国的创建。

状元办厂兴实业这一事件，虽然看似不能与中国历史上发生的变法改革、洋务运动等相提并论，因为它似乎没有什么重要的经济制度设计，甚至当时人们对张謇的舍仕从商还多有斯文扫地的唏嘘之词，但仍值得仔细挖掘其中的历史意义。

利益原则在中国的合法化

现代社会通行的基本法则之一是利益法则，即追求利益的增值或者经济的增长。张謇作为科举状元却去办工厂，就体现出这一方面意义，即它标志着利益原则在中国逐渐合法化，而这又是中国国家转型的社会心理基础。

自先秦时期开始，义与利就被相提并论，其轻重取舍在"君子喻于义，小人喻于利"中表达，"重义轻利"就成了标准的道德选择。在西汉始元六年（公元前 81 年）那场盐铁会议上，文学贤良的重农抑商主张之所以胜过了桑弘羊的重商主义，除了因为当时的生产结构以农业经济为主外，在相当程度上还因为文学贤良认为工商业的发展会破坏社会的道德基础，"散敦厚之朴，成贪鄙之化"。文学贤良论证了追求利益的危害，"昔文帝之时，无盐、铁之利而民富；今有之而百姓困乏，未见利之所利也，而见其害也"（《非鞅》）[1]，所以，基于道德考虑，国家必须坚持重农抑商，要把利益原则放在次要地位，甚至认为追求利益是不道德的。与之类似，在张謇办厂初期，也有许多知识分子骂他是读书人的败类，说他丢掉了礼义廉耻。几年后，张謇还向两江总督刘坤一回忆自己忍辱负重举办工厂的经历。

张謇是那个时代儒家知识分子的一个典型，他为什么宁可忍辱负重也要办工厂？这是因为甲午战败之后，以他为代表的知识分子认识到，中国若想富强，就必须兴办实业谋求利益。不过，他认为，自己办工厂、求利益，不是为了私利，而是"为国求财"。其实张謇的这个想法也是符合传统儒家的要求的。

---

[1] 刘守刚.财政中国三千年[M].上海:上海远东出版社,2020:133.

在古代中国，虽然总体上重义轻利，但对于国家富强或人民富裕这样的目标是肯定其重要的意义的，认为国富这样的"公利"目标要高于儒家君子的个人利益或者君主的私利。就像黄宗羲说过，"不以一己之利为利，而使天下受其利"[1]。到了晚清时期，在国家遭遇生存危机时，像张謇这样的知识分子发现，如果国家没有财力，就不能抵抗外敌入侵，也就无法生存。

于是，"张謇们"接过传统对"公利"的肯定，认为只要是为国家富强去求利，就不算重利轻义。这就是说，他们运用了国家富强这样的公利目标作为过渡，引领着中国人接受了利益原则。

张謇办厂求利是中国人思想向现代转型的一个象征。因为在现代国家，追求利益是个人行动的动力，努力实现经济增长是政府政策的目标。因此，国家被界定为促进经济增长的工具，政治法律制度如果不能有利于国家富强就要重建。所以，一个国家要走向现代，就必须让利益原则合法化。但是，想要扭转这一局面谈何容易，要知道，在19世纪被中国知识分子认为重利轻义的西方人，也是不久前刚接受利益原则。

在中世纪的西方，利益或者说金钱也曾遭到很长时间的道德谴责。直到16至18世纪，许多思想家才相信，追求利益本身虽然不一定好，但它能够带来良好的后果。例如，英国思想家休谟就宣扬，为了提高人的道德水平，可以用一种罪恶压制另一种罪恶，如鼓励人们用爱财的罪恶来抑制贪乐或其他的罪恶。[2] 休谟的好朋友亚当·斯密的"看不见的手"更为人熟悉，这个比喻告诉人们，如果让每一个人都追求自身利益，那就可以带来社会普遍利益的实现。西方人慢慢相信，如果允许追求利益的话，那么反而可以造就有道德的个人和优良的社会。于是，利益原则在西方才逐渐实现合法化，并引导西方人进入现代世界。

张謇办厂的第一方面历史意义：利益原则在中国的合法化。求利是中国人思想向现代转型的一个象征。

---

[1] 黄宗羲.明夷待访录[M].北京:中华书局,2011:6.
[2] 赫希曼.欲望与利益:资本主义走向胜利前的政治争论[M].李新华,朱进东,译.上海:上海文艺出版社,2003:21.

现代重商主义的兴起

在财政上重视工商业的发展，可以称之为重商主义。在古代中国，以桑弘羊、王安石为代表的思想家，以宋、元为代表的财政政策，都有一定的重商主义倾向。不过，从晚清开始兴起的是一种现代重商主义，它不同于古代的重商主义，具体表现在重视工业超过商业，重视私营企业甚于官营企业。在这种现代重商主义的兴起过程中，洋务运动有着非常关键的过渡意义。

张謇到南通去办棉纱工厂，是受洋务派大臣张之洞的直接委派，棉纱工业也是洋务派重点扶持的产业。虽然张之洞很快就调走了，但他对张謇的第一推动作用不可忽视。张謇办厂的物质基础与对外的合法身份，也是来自接收了张之洞原先用官款购买的纺织机器。这批机器本身可用，又被张謇折为官方股份，占总股本的50%，由此他的企业就变成了公私合营企业。这对张謇在工厂启动阶段取得合法身份和对外招募股份还是很有帮助的。洋务运动在张謇办厂过程中所发挥的积极作用，由此可见。

那么洋务运动又是怎么兴起的呢？在晚清，当中国遇到国家生存危机之时，清政府延续了帝国时代举办官营工商业的传统，先是在19世纪六七十年代，以"自强"为口号，兴办官营军事企业，然后在70年代到90年代中期，以"求富"为口号，办起官营民用企业。这两个前后相继的运动，把工商业的重要性提升到了前所未有的高度。经过洋务运动后，清政府把重商主义上升为国策。比如，在各省设立商务局，在中央设立商部，以沟通官商关系、保护工商业者的利益；政府出台《商人通例》《公司律》等法律，来维护市场规则、加强产权保障。此外，政府还制定许多行业政策来推动工商业发展，如主动开放通商口岸，用爵位来奖赏工商业者，甚至为民营企业提供贷款等。可见，这个时候国家已经把促进工商业发展作为自己的重要职能了。

虽然有上述洋务运动和重商主义政策的基础，但张謇办厂还是不容易的。即便是有公私合营的名头，张謇在招募商股的时候仍是困难重重。张謇最后是成功了，工厂越建越多，企业越办越大，并且摆脱了公私合营的身份。从洋务运动到张謇办厂，以下两个方面标志着现代重商主义在中国取得了发展。

第一，洋务运动引进了西方先进的工业技术和组织，把工业的重要性提升到了一个前所未有的高度，中国的经济基础开始从传统农业向现代工业转型。从西方传来的现代重商主义，建立在工业革命的基础上，以大机器生产为前提。这一点康有为有深刻的认识，他呼吁将中国"定为工国"，认为国家的发展阶段依次是以农立国、以商立国、以工立国，中国只有建成工业国，才能生存于世界。[1]康有为的认识是在思想上，而张謇的认识体现在实践中，他宣称"富民强国之本，实在于工"。因此，与传说中离开政坛、退隐江湖的越国谋臣范蠡不同，同样离开政坛的张謇，创办的是真正的工业企业，而范蠡这位传说中的陶朱公，从事的是纯粹的商业活动。

第二，洋务运动为转向以私人企业为经济活动主体奠定了基础。帝制时期虽然重农抑商，但其实官方从未放弃国营工商业。洋务运动通过"官督商办"或官商合营后发现，私营工商业的效率远远高于国营工商业。所以，后来官方也在政策上转向大力扶持民间工商业，张謇的一系列私营企业正是在此背景下获得成功的。张謇任民国农商总长后，一再指出，官营企业没有引导民众兴办实业的心思，既浪费资金又无实效，今后官营企业要停办，"悉听民办"。

张謇办厂的第二方面历史意义：现代重商主义在中国的兴起。即奠定了在中国重视工业超过商业、重视私人企业超过官办企业的基础。

工商业从业者地位的上升

张謇办厂初期屡遭歧视，但在办厂成功后受到了广泛的尊重。他成为地方自治的首倡者，预备立宪运动的领袖，南北议和的幕后推手，民国工商实业建设的规划者。张謇取得如此高的社会地位，甚至获任部长级高官（民国政府农商总长），不是因为他的科举功名，而是来自对他办厂成功的肯定。

张謇的遭遇说明，传统士农工商四民社会的结构已出现变化，工商业者的社

---

[1] 赵靖.中国经济思想通史续集:中国近代经济思想史[M].北京:北京大学出版社,2004:318.

会地位已大大提高。要知道，在帝国时期，商业和商人地位不高，即使是富比王侯的广东十三行领袖，也随时可能被地方官员套上枷锁问话。这一现象，曾让19世纪初来华贸易的西方商人大惑不解。张謇是一个象征，说明整个社会"士商平等"的观念在慢慢确立，事实上"绅商共治"在许多场合已代替了原来的士绅政治。

意大利学者莫斯卡在他那本名著《政治科学要义》中说，国家领导集团的产生与权力的承担者，总是在三种精英中转移：武力精英、财富精英、知识精英。1640年英国革命和1789年法国大革命，标志着西方世界权力从武力精英（军事贵族）手中转向财富精英（资产阶级）。张謇社会地位的提高，标志着中国权力正从知识精英（士人）向财富精英（工商业从业者）转移。因此，张謇从科举状元到因办厂而崛起，标志着士人在中国已丧失了治理国家的功能和渠道，作为掌握权力的精英阶层正在消失。张謇的言行，象征着财富精英已具有自觉的阶级意识。他宣布工商企业"悉听民办"而不再由官营，不仅说明他对官营与民办效率差异的认识，也说明他在尝试阻止国家在经济领域内与私人资本竞争。

张謇办厂的第三方面历史意义：中国的社会结构转型开始，工商业从业者地位上升。

结　语

晚清开始的中国财政转型，表现为工商税收在财政收入中地位的上升，其基础是晚清工商经济的发展。而张謇办厂的行为极具历史意义，标志着近代中国的国家转型，它是利益原则在中国取得合法化的象征，是经济结构在中国向工商业转型的象征，也是社会结构中知识精英在中国退场的象征。

明清时期洞庭商人在长江沿线的经营活动*

◎ 范金民**

摘 要：明代中后期起，各地地域商帮开始形成，大约与徽州商帮形成的同时，在今苏州城西南太湖中的吴县洞庭东山和洞庭西山，也形成了一个地域性商帮。洞庭东、西两山在明代仅为 5 个区 12 个都，洞庭商帮可谓地域范围最小的一个商帮。而其活动地域主要集中于长江沿线和运河沿线，分别从事绸布与米粮和绸布与百货的对流贸易。今专文考察洞庭商人在长江流域的商业经营活动，期能深化明清商帮研究和长江商品流通史研究。

关键词：明清 洞庭商人 长江沿线 经营活动

洞庭西山商人主要活动于长江沿线的汉口、湘潭、南京等城市，东山商人在太平天国之前，虽然以运河沿线为活动区域，但因为主要经营绸布业，长江沿线特别是南京，也是其重要据点，太平天国战争爆发后，洞庭商人尤其是东山商人向上海转移，在上海从事经营活动，无论在活动地域上，还是在经营行业上，有着鲜明特征。

* 本文为 2021 年度江苏省社科基金文脉专项"近代以来长江流域中心城市经济变迁及现代启示研究"（编号：21WMB041）的阶段性研究成果。

** 范金民，南京大学历史学院教授，中国明史学会首席顾问，江苏省文史研究馆馆员，研究方向为明清社会经济史和江南地域文化，电子邮箱：jmfannj@163.com。

在长江中下游开展经营活动的西山商人

洞庭西山商人家族主要活动在长江中下游地区，南京、上海、汉口、长沙、湘潭是其重要场所。1470年（明代成化六年），刑部主事苏州人周瑄说："洞庭西山货殖者多，不之□□，则之冀北。"[1] 同时期，东山人王鏊在《洞庭山赋》中形容西山人，"离家旅估，橐理粮裹，驾巨舶，乘弘舸，扬荆襄之帆，鼓潇湘之柁，巴西粤南，无往不可。"按沈周《石田翁客座新闻》的说法，西山有人"挟小本往襄阳开酒肆二十余年"。崇祯年间的吴县令牛若麟在《西洞庭图说》中称，西山人"诗书之外，即以耕渔树艺为业，稍有资蓄则商贩荆襄，涉水不避险阻"。清代康熙初年，洞庭东山人汪琬在《钝翁续稿》卷三中说："西山之人商于湖广者多""郎乘大艑向襄阳"。康熙前期，西山人说当地"竞尚行贾，以故山中人之贾于楚者，率十室而九"[2]。康熙后期，西山人王维德在《林屋民风》卷七中说："商贩谋生不远千里，荆湘之地竟为吾乡之都会，而川蜀、两广之间，往来亦不乏人。"或谓，西山人十七八岁"即出贾楚之长沙、汉口，四方百货之凑，大都会也"。这些描写及经商事例，均说明西山商人主要在长江沿线开展商业活动。具体来说，在长江沿线活动的西山商人，主要是以下几个家族。

秦氏家族。按同治《洞庭秦氏宗谱》的说法，秦氏源出高邮人宋龙图学士秦观。观之子在宋绍熙年间卜居晋陵，成为苏州的秦氏始迁之祖，从此支派分别，散处各村。"几半洞庭"，渡渚、镇夏、石公、涵村、明月湾、旸坞、陶村等西洞庭村庄，以及东洞庭长圻村，都有秦氏支裔。洞庭秦氏历代簪缨络绎，与占籍荆湘的另一支秦氏，吴楚之间世为望族。秦氏散处各地，多与经商有关。明中期，秦怡松，"迁有无，化居荆襄间"。同时人秦宥，外出经商失利而归。秦仁因家贫，放弃学业而转营商业，东至齐鲁，未获成功，又改到西山商人集中的沅湘之地，为人从事贩运贸易前后达20年，积累逐渐增多。弘治、正德时的秦淮，曾"挟资游荆襄，逐废举之术"。秦隆，"壮游名区，达荆楚"。入清后，秦元社年仅弱冠，即服贾荆襄，"为人精疆有心计，蚤作夜兴，居奇致赢，家业因以渐

1 周瑄.秦公祚墓碣铭//洞庭秦氏宗谱:卷首.1873(同治十二年).
2 蒋尚义.乐山公家传//乾隆.洞庭后堡蒋氏宗谱:卷1.1785(乾隆五十年):序本.

裕"。秦子声，在楚南开了几家店铺，商品丰饶，利润可观。秦德溶，远习贾，久不归。太平军占领苏、常后，洞庭西山人一度纷纷避难经营地楚地，"寓于湖南之长沙、岳州、常德、衡州各郡县，族大丁繁"，秦氏族人经营其地者甚为壮观。

徐氏家族。徐为西洞庭著姓。据说源出东汉徐庶，世居开封，北宋末年相继迁到洞庭西山，有煦巷徐、南徐、北徐、东村（即东园）徐、唐里徐、徐巷徐等派，族众繁衍。据嘉庆《东园徐氏宗谱》记载，东园徐氏以宋征士郎徐棋为始迁祖。宋高宗南渡，徐棋挈子扈驾，七传至万一公，于1254年（宝祐二年）迁居西山东园里。后族众繁衍，"里中皆徐氏占籍"。东园徐氏经商较早。明中期有徐礼，"甫胜冠，即怀资客荆襄，家日以起"。同时人徐原敬，"早年事商，涉湖襄……贸易大通……由是资业日裕"。原德者，"尝造巨艑挟雄资历游湖襄……不拂于时，不徇于物"，因而"资日丰，业日裕，名日闻，大拓其门闾"。后来有徐櫕者，科考不中，"出为货殖计，游于楚荆襄之间"。东园徐氏到了康熙、乾隆时的明字辈，经商楚地进入高潮。乾隆后期，东园徐氏"著籍于汉、沔、郧、蒲者甚众"，而且"繁衍于楚南"。煦巷徐氏，据道光《洞庭徐氏宗谱》记载，在宋高宗南渡时，有徐素行者扈驾，其子体干、体坤兄弟二人侨居西山可盘里煦巷，后人追认素行为始迁祖。清初徐日翰，家贫而喜读书，"昼则籴贱贩贵，检校财贿，夜则篝灯读书"。其孙文鄮因家计艰难，殚力治生。乾隆时徐振贤，经商南楚，"经百中以居奇"，三年后家业兴起。南徐即绿石山徐氏，徐元吉于宋末避兵包山，是为始迁祖。南徐经商甚早。明初徐晟有数子，都远服商贾，以致开运河应役时雇人而往。正统时，徐俊尚未成年，就"操奇赢游襄汉间"了。

马氏家族。据光绪《洞庭林屋马氏宗谱》记载，西山马氏据其后裔称是汉伏波将军马援的后代。林屋、萧山之间，居民多是马姓，"以耕读世其家"，也是望族。清初马昆阳者，弃儒习贾，在湘楚之地经商数年，囊箧稍丰即归养。马奎的族祖两次到楚地经营，父亲在湘潭有店业，自己也弃学游楚，隐迹市廛。马学周也有别业在楚。马学鸾之父因久困场屋不得志，让其几个儿子都不习科举业，而创别业于楚地。马以燮弃儒而商，与其兄一起经商楚地，刀锥之余，仍综览子史诸集，举凡天文、地理，旁及医卜命相之书无不读。马大椿在长沙经营世业。马溥也在楚地经商。马氏家族大多弃儒从商，经营地都在楚南，但多为小商小贩，营商气魄不大。

邓氏家族。据嘉庆《洞庭明月湾邓氏宗谱》记载，洞庭西山邓氏先祖是扈从宋高宗南渡的邓肃、邓胜兄弟，世居明月湾。从明末到清朝，邓氏有不少人在长江沿线经商。邓文经营楚汉间，艰辛历40余年。邓秉钜，随父商于楚，"自少至壮，往来于三湘七泽间"。邓学敏，"吴头楚尾，贾舶往来，长沙乃其世业地"，经30余年努力，将日渐中落的旧业扶持起来。邓廷芳，经商南楚，隔年一归省。邓士瀛，同父辈数人一起经营楚南。邓玉相，依靠先人经商遗资，遍及三湘七泽间，无客不招，无胜不览。邓大木，承其先祖遗业，在汨罗江畔经理农田数百亩。徐以俊的岳父邓氏，服贾三楚，陈椽长沙，侨居其地。

蒋氏家族。据乾隆《洞庭后堡蒋氏宗谱》记载，洞庭西山蒋氏始迁祖是宋代蒋间，号逸民公，建炎中避兵南徙，世居后堡里。明后期，十三世孙蒋程，经商辰州，"籴贱贩贵，逐什一之利。久之，家稍稍裕"。十三世孙蒋寅，南贾湘潭，开设店肆。十六世孙明末人蒋士和，"中岁商贩荆楚，家故饶"，常常周济同乡经商者。蒋世业，服贾三楚，侨居湘潭，力行赈饥、育婴、施槥诸善举，"以故楚吴两地罔弗仰其名而慕与之交"。十六世孙蒋遇民，在娄县泗泾镇开设店肆，两个儿子也经商四方。清初蒋时祺，"懋迁化居，自荆襄至于滇南，家渐裕"。蒋德宏，懋迁南楚，侨居中湘。蒋廷昌，在楚有店业。蒋福潜，在楚地经营20年。蒋复，"常贾湘湖间"，乾隆二十年家乡大饥，出粟240石赈饥。蒋西怀，南贾楚地。

沈氏家族。道光《洞庭沈氏宗谱》载，沈季文在明初往来淮楚间，经营数年而资产大增。稍后有沈铠，"壮游荆襄"。沈南溪，"游江湖几三十年，家用饶裕"。沈冕，长期经商荆襄间。沈宾，经商湖湘，家业大增，扩大了经营规模，宾之子棠年少就从商于淮海、荆州之地。沈九华，客居楚地很久，坚守店肆。清前期有沈升，因家贫欠债，经商荆湖之地十余年。沈启芳也逐利荆湖之地，家日隆起。

孙氏家族。明后期有不少人贸迁于荆襄，如孙炳贩米湖广，遇官府遏籴，大量商舟被封，后禁令刚除，孙炳立即令自己的船队扬帆先行。孙大璇兄弟三人，经商湖广、四川，积金至巨万。孙经，设业楚南，服贾达40年。孙锟，服贾楚南，经营数载，家业稍裕。

叶氏家族。道光时叶焕堂等，"挈眷就业楚省，又有楚中生理，家惟妇道"，而且由其所言，"缘子孙繁众，所有在楚经营，以及妇幼守家，本房叔侄弟兄等代押"。[1] 看来叶氏族人在湖广经商者相当多。

此外，还有其他几姓洞庭人在湘汉之地经营。如陈昌期家世代经商，其父在湖广承天府经商最久，"赀累千万，昌期兄弟息之滋饶"。[2] 小说中描写，明末西山人高赞，少年时惯走湖广贩卖粮食，后家道殷实，开了两个解库，委托四个伙计掌管，自己只在家中过舒适生活。[3] 又如，西山金某、凤世昂等，康熙初年行商荆襄。西山郑宜诚在潇湘云梦间贩运。郑以杰，在同一地经商，数年间拥资累万。郑禄溪，从外舅服贾楚地。西山劳正士，"挟资本，偕二子经营走四方"，家业兴起。[4] 乾隆、嘉庆年间，洞庭西山后埠人费孝端，随父经商于湖南长沙、湘潭一带，编成太湖包山至湘潭的路程歌。西山人黄大昌，乏本经营，于道光九年向也在楚南经商的同村族人黄兆鼎借本钱，[5] 这说明黄姓在楚地经商者也较多。澧州慈利县盛产棉花、桐油、茶叶、乌桕子等，清中后期，"吴客"自津市前往，咸萃县城及东羊渡。[6] 此处不知名姓的"吴客"，可能也是洞庭人。

在南京等地开展经营活动的东山商人

东山商人虽以运河沿线为活动重点，但长江下游城市南京，在明代是京城，到清代是江苏省会，是长江上中游米粮下输的重要城市，因而成为东山商人沿江活动的第一大城市。东山的翁氏、席氏、叶氏、严氏、吴氏、葛氏等家族，均以南京为长江贸易的起点，开展经营活动。

明中期，施经读书能诗，隐身商贾，转贩金陵，寓金川门外之通江桥。民国《洞庭东山葛氏宗谱》载，明后期人葛符，到南京"营什一方，商远近通，息入

1　太湖理民府审结叶焕堂控秦浤挖坟石案[A].太湖厅档案第 2083 号,南京博物院藏.
2　李维桢.大泌山房集:卷 48:赠陈昌期序//四库全书存目丛书:集部第 151 册:518.
3　冯梦龙.醒世恒言:第 7 卷:钱秀才错占凤凰俦[M].上海古籍出版社,1992:81.
4　郑磊卿.贤妇刘氏小传//道光.洞庭劳氏支谱:卷末.1841(道光二十一年).
5　太湖理民府据黄菊田控黄锦华借款不还案[A].太湖厅档案第 2102 号.
6　民国.慈利县志:卷 6:实业第三:1.

曼羡"。葛一龙，先在滁州，后在南京，"治什一，业以日起"，性好结客，挥金如土，与文人结交，冠盖云集。晚明文坛领袖王世贞的《两山竹枝歌》，其三谓"短短钗银压鬓鸦，围腰群捉木绵花。莫嫌村坞行人少，夫婿经商不在家"；其四有"巍峨大艑碧波间，遍截玲珑捆载还"，描写的就是两山人在长江沿线经商的情形。明末杨文骢《洵美堂诗集》卷八《洞庭竹枝词》称，东"洞庭贾店在云间，名青店"，又说"洞庭贾店大半在白门上新河开店，谓'字号'"。松江是棉布来源地，南京是洞庭商人在长江沿线贩运棉布的下游重地。沈瓒在《近事丛残》中描写，万历时东山人吴小洲，在南京开糟房，后发展为"一二万金之产"。1725 年（清雍正三年），经商南京的席氏布商陆大有号，控告巢县布商汪子能等拖欠布银。

乾隆、嘉庆年间，"东山在金陵设肆贸易者日益盛"，翁怡亭倡议集资，于1799 年（嘉庆四年）建成洞庭会馆。会馆的创立，反映了其时东山商人在南京城的商业资本实力。经咸丰、同治兵燹，惟赖"席、叶数家经纪其事"，会馆仍得以维持日常运转。[1] 洞庭商人每年正月会饮于城内徐家巷洞庭会馆，祭祀刘猛将军，议叙同乡情谊。清初，席氏右源公裔孙有移居南京者。沈德潜《归愚文钞余集》卷九《潘上舍墓志铭》载，乾隆初年，东山人潘荣锦，寓居棉业巨镇朱家角，"往来襄汉，有伉爽声，喜周恤亲族里党"。到晚清，南京人陈作霖《炳烛里谈》记载，洞庭人在南京经商者多，"大率皆习布业来者，久住不归，如席、翁、叶、石、周、严诸家，概从土断"。

洞庭东西山商人长时期大规模从事棉布丝绸的贸易，加工绸布需要的染料蓝靛主要从江西等地输入，因而洞庭商人尤其是东山商人就在长江中下游从事棉布、蓝靛和粮食等经营活动。万历中期，昆山人李同芳在任湖广参政期间，处理了一起强盗劫杀洞庭商人席某的案件。据记载："洞庭大盗劫杀商人席某等，船断两截。一截浮岳阳楼下，存船户一人，渡子张福祖救之。一截浮君山下，有孝廉姜姓，读书山中，薄暮散步，闻求救声，令僧某等救起商人赵某。此春月事也。"[2] 1641 年（崇祯十四年），席本祯等委托商伙杨顺等 13 人，从湖南湘潭买了大批蓝

---

1 郑言绍.太湖备考续编:卷 1:职官附:32.
2 李同芳.视履类编:卷 35:辨冤[M].北京:中华书局,2023:209.

靛，用34条大船装运，挂了"左"字、"宁"字旗号，顺长江而下。当船队行抵龙江关时，操江巡抚杨某利其货物，诬称席氏家客是农民军间谍，"张皇入告，将置之辟"。席本祯为诸商请命，直到刑部尚书刘某继任，冤狱方解。这一事件称为"靛船之狱"，席家差不多花费了这次经商的全部收入。[1] 由此可知，其蓝靛经营规模甚为可观。1644年（顺治初年），席家"临清贾店所有，尽亡于兵火"[2]，遭受沉重打击。1659年（顺治十六年），《苏松两府为禁布牙假冒告示碑》列名的37家棉布字号中，排名最前的是席时、席行二家，这说明直到清初席氏商人仍为布业翘楚。可见，席氏经营地域之广和资财之雄厚。到了道光年间，席氏依然世代有人经商，且活动地区仍在华北的运河沿线。自明后期直至清后期，席氏始终是洞庭东山最负盛名的商人家族。

东西山商人在长江中下游从事绸布米粮对流贸易

洞庭两山商人尤其是西山商人在荆湘地区的活动大多没有标明经营内容，但从其活动区域和洞庭商人"吾吴以楚食为天"和"山人经商绸布，大半作客湖广"等说法，[3] 可知他们在长江沿岸主要从事米粮绸布贸易。明末杨文骢《洞庭竹枝词》有谓，洞庭山人"织得绉花如锦字，阿婆偷卖武陵郎"，形象地描摹了江南丝绸远销两湖地区的情形。康熙末年，王维德的《林屋民风》记载，"楚之长沙、汉口，四方百货之凑，大都会也，地势饶食，饭稻羹鱼，苏数郡米不给，则资以食；无绫罗绸缎文采布帛之属，山之人以此相贸易，褢至而辐凑，与时逐，往来车穀无算……故枫桥米艘日以百数，皆洞庭人也"。还有更明确的，"业于商者楚地为多，故下水之货以米为常物，山中商民惟向生意稳当者求之。上水则绸缎布帛，下水惟米而已，险道所不为也"。可见，洞庭西山商人自己就认为在长江流域从事米粮和苏布对流贸易是其最突出的活动区域及行业。

[1] 左光先.左侍御公集・靛商冤抑疏.不分卷,清刻本.
[2] 汪琬.尧峰文钞:卷15:乡饮宾八十翁席公仲远墓志铭//李圣华,汪琬全集笺校.北京:人民文学出版社,2010:1575.
[3] 范广宪.吴门竹枝词汇编・西山竹枝词//苏州古旧书店编.苏州掌故丛书.苏州古旧书店复印本,1986:23.

汇集长江上中游米粮的汉口，号称"九省通衢"，是一个因交通便利和地位适中而兴起的商业中心。清前期，随着四川的开发和江南粮食的愈加紧张，汉口商业迅速发展，成为天下闻名的"四聚"之一，滨江舳舻停泊数十里，帆樯林立，有"船码头"之称，形成以盐、当、米、木、花布和药材六大行业为主的商业中心。汉口市场上的粮食，来自湖广乃至四川，销往长江下游的江南缺粮区；绸缎布匹来自江南，经由芜湖或汉口销向华中、华南广大地区。汉口的布店，大多高揭苏松布匹的市招，以招接客商。号称"九分商贾一分民"的汉口，聚集了全国各地的商人。在这众多行帮组织的公共场所中，西山商人建立的金庭会馆（又称金庭公店），就坐落在沈家庙上首正街盔头巷仁义坊。在长江这条商品运输线上，从事粮食和绸布经营的，可能只有徽州商人才能与洞庭商人不相上下，而从"枫桥米艘日以百数皆洞庭人"的说法来看，从事米粮贩运者洞庭商人可能更在徽州商人之上。

乾隆初年的湘潭，"城总市铺相连几二十里，其最稠者在十总以上十九总以下。凡粮食绸缎布匹棉花鱼盐药材纸张京广货物竹木片牌筏，皆集于此，为湖南一大马头。然客多江苏，资之者则上游各府州县，而湘无几焉"[1]。

为提高经营效益，洞庭商人在视为利薮的米粮绸布贸易中尽量利用宗族和乡邦组织的力量展开竞争。在米粮出产集中地和江南绸布重要转输地的长沙与汉口，西山商人不仅合族联宗经营，还先后于嘉万年间和雍正年间建立金庭会馆，会馆遭太平天国兵燹毁坏，战后重建。在汉口的江苏会馆、江浙公所、苏湖公所中，也有不少洞庭商人。在湘潭，西山商人建有金庭会馆，又名三官殿，在十六总三元街，有田76亩余；又有金庭别业，名全真宫，在瞻岳门，当地人称苏州公所。[2]此外，有苏州会馆义山8处，分布在后来成为宁乡县的一都六区、一都十一区、三都一区和七都一区等地。[3] 1908年（光绪三十四年），上海的西山商帮成立金庭会馆，捐款者除了苏州、上海两地商人外，还有长沙、宁乡、湘潭、常德、沅江、汉口等地的金庭会馆及湘潭支吴树和公后裔等异地同乡商人。[4] 这充分说明，

---

[1]　乾隆.湘潭县志:卷13:风俗.

[2]　光绪.湘潭县志:卷7:礼典·群祀表.此处金庭别业和金庭会馆列为两馆,金庭别业当为金庭会馆的"别业".

[3]　民国.宁乡县志:故事编:财用录·惠恤.

[4]　上海金庭会馆第一次征信录,1914.

洞庭西山商帮的活动重点，除了家乡周围地区外，就是湘汉地区，且尤其集中在湖南的长沙、湘潭一带。

在江南最大的米粮集散中心和棉布生产中心（即洞庭商人的老家）苏州，西南郊的枫桥市，米行林立，米牙活跃，明末有人用"云委山积"来形容其地米豆之多。由于米牙弄奸作巧，往往粜者贱而籴者贵，贩运者和消费者深受中间抑勒之苦。康熙年间，洞庭商人蔡鹤峰、王荣初倡议在枫桥设立会馆，选择心计强干者轮流主持，米价随时高下，洞庭米船不投外行，直接开往会馆散售米粮，外行和洞庭人均到公店购米，每石仅支付手续费 1 分 2 厘，其中 6 厘给外行、6 厘留店公用。[1] 这样的直销，摆脱了米牙的中间盘剥，减低了交易成本，从而增强了洞庭米商的实力。为了便于活动，洞庭商人又于 1901 年（光绪二十七年）由叶懋銮出面，在苏州城中南洞子门外阊一图建筑码头，作为东山船只往来停泊之所，并建立房屋堆放商货。东山商人则有三善堂，1902 年（光绪二十八年）在南洞子门外阊一图购地筑立码头，经官府备案，专泊东山货船、客船停泊，并建立房屋堆放商货。[2]

中国第一历史档案馆收藏了一张镇江船户承载洞庭西山商人致大号米粮的官契。契约载，丹徒县船户杨义山、王国才、杨文仪，以自有之船三只，在镇江河下承揽到金庭商人致大宝号名下米，"前往苏州枫镇客便处交卸，三面言定水脚""其货上船，不致上漏下湿，倘少原发数目，照依卖价赔偿。盘滩驻浅，过关纳钞，系照旧规出办。立此船契存照。再，奉宪饬行，不得横风使篷，冒险夜行，停泊旷野。实装镇斛米，杨义山装壹佰玖拾五担捌斗，米包贰拾贰个，王国才装陆佰柒拾柒担贰斗五升，米包肆拾壹个，外又米壹担，杨国仪装叁佰零叁担五斗，米包拾贰个。言定浒墅关钞，客自报纳。乾隆五十一年十二月二十五日立。船户杨义山（押）、王国才（押）、杨文仪（押）、京口杨尊周行（押）、代行顾万隆（押）"。[3] 契约上载明了洞庭商号的名称，船户的姓名，载运米粮的数量、运价，船户和客户各自的责任，揽载还需有运输行或粮行画押担保。这份付诸实施

1　王维德.林屋民风:卷7:民风·公店//四库全书存目丛书:史部第239册:444.

2　吴县为东山三善堂在南洞子门外阊一图建筑码头禁止客船硬泊滋扰碑//江苏省博物馆编.江苏省明清以来碑刻资料选集[M].北京:生活·读书·新知三联书店,1959:253.

3　吕树芝.丹徒县船户揽运米商货物官契[J].历史教学,1986(9).原文引文有多处错讹,今据该文所附原契更正.

的运粮契约，比起收录在各类书中的空白契约，可以说明更多事项。契约一定程度地反映了洞庭西山商人贩运粮食的细节，非常珍贵。

凡此种种说明，西山商人以湘汉之地为最重要活动场所，东山商人尤其是经营棉布业最负盛名的席氏以老家苏州一带为起点、南京为初级转输地，均从事长江流域的米粮绸布对流贸易。对洞庭商人来说，荆湘之地既是江南丝绸布匹的销售终点，又是湖广米粮的集散起点；反过来，苏州等江南城镇既是湖广米粮的销售终点或中转站，又是江南布帛上溯长江的起点。这段航线水流相对平缓，往返均是重载，作为商品的起点和销路终点，使得洞庭商人既有优势，又有诸多有利因素，以确保赚取稳定可观的商业利润。从这个意义上说，洞庭商人可能是明清时期长江航线上米粮绸布对流贸易中实力最强的地域商帮。

洞庭商人除了与徽州商人在川楚米粮与江南绸布的贩运中平分秋色外，还几乎垄断了清前期湖南本地所产棉布的销售业务。湖南岳阳府各县，自明代始，就普遍种棉，大批量织布。到清代，巴陵县产布最为有名。当时，长沙、湘潭、益阳等城市，活跃着以徽州商人和洞庭商人为主的苏皖商人。洞庭商人在巴陵的鹿角、孙圩、童桥等地设立收布庄，清晨开始收布，到中午结束，一年中仅巴陵布价值就达 20 万两。可见，洞庭商人布匹生意之大。著名古文家巴陵人吴敏树，他家自祖父起就为洞庭商人收布，积累了资产，因而与洞庭商人熟识。他在《拌湖文集》中记载，巴陵湖滨的乡村，人们善于织布，从事布匹经营的大多是洞庭人。鹿角市临湖有不少房子，由世代在此经营的洞庭商人屠氏租赁，现屠氏不再自己经营而只帮他人经营。[1] 鸦片战争后，在洋布的冲击下，因巴陵布质量下降、销路不畅，洞庭商人势力大衰，被当地长沙布商所取代。太平军兴，洞庭商人"寄居于楚者大半回苏"[2]，直到清亡，洞庭商人在那一带仍有一定势力。

近代上海的洞庭商人

在上海的苏州帮，以洞庭东山、西山商帮最为集中，最有势力。东山商人原

---

1 吴敏树.拌湖文集:卷 8:屠禹甸夫妻八十寿序[M].1893(光绪十九年):10-11.
2 蔡以志致费文淦书//费燕诒供稿.一批有史料价值的家书[J].吴县文史资料,1991(8).

先主要集中在运河沿线经营棉花棉布业，随着江南丝绸、棉布在华北市场的日渐收缩，东山商人的经营活动也逐渐回撤。后因咸丰年间太平天国统治江南、太平军对洞庭东山劫掠，使得上海迅速繁荣成为最大的商业和金融中心，东山商人又迅速向上海转移，开辟新的经营领域。洞庭东山人概要地记录了这一转移过程，"山人素善贾，贸易几遍他省，精力尤萃于淮、徐、江宁、皖南间。大则会馆，小则公所，所在皆有。自发逆扰江皖，山业悉毁，谋食者始群趋于沪。迨苏城陷，吾山继之，流离困苦，死亡相继……同治二年，官军收复松、太，败贼纷窜，吾山蹂躏，避难奔沪者踵相接"。"我洞庭东山孤悬太湖之中，四面环水，可耕之地无多，故山人以善经商著称。泰西互市，尤以往来沪地为最多。"[1] 在太平军攻占苏州时，东山商人在上海益扩旧业，"以闸口为贸易所，沿流指申江，货至无爽期者，业蒸蒸上"，王希钟等人纷纷迁往上海。[2] 看来，上海开埠是东山商人趋向上海的契机，而后太平天国期间战事对其产生的影响更为深远，使其经商地域发生了根本转移。

随着经商之人日益增多，东山商帮在上海小南门外糖坊弄租房，设为病殁安殓所，名为体仁善局，建成莫厘三善堂，又购买太平弄等处市房，置买肇家滨地为义冢。后又因糖坊弄人烟稠密，恐碍卫生，购地于小西门外斜桥，移建丙舍。光绪末年沪宁铁路筑成，自后汽车通车，交通更为便利，东山商人更群趋于上海。当其时，据说洞庭东山人"散处申浦，统政界、学界、商界、工界计之，无虑千万人"，而其中"翘然有以异于众高掌远蹠而致巨利者，亦常数十人"[3]。随着租界开辟，上海商务趋重北市，东山商人经营也以北市居多，同人于1906年（光绪三十二年）设立洞庭东山北码头，以便山人交通，捐款的商号与个人达486人次，捐银7 270元、钱24千文，捐款者中有金号、绸庄、绸号、茧绸庄、洋货号、丝号、花行、木行、丝栈、糖行等。[4] 民国肇兴，更设立洞庭东山同乡会，1915年（民国四年）成立东山会馆，捐款者多达783家商号，其中巨商捐银（如沈遂志堂）10 000两，捐5 000元者4人，充分显示其雄厚实力。

---

1 三善堂.莫厘三善堂征信录序//光绪.上海莫厘三善堂征信录.1921;严国芬.倡捐巨款建造会馆记//上海洞庭东山会馆落成报告书.上海:商务印书馆,1916.
2 华鸿谟.晓山公墓志铭//民国/莫厘王氏家谱:卷15:34.
3 严国芬.洞庭东山会馆记:严家炽序//上海洞庭东山会馆落成报告书.上海:商务印书馆,1916.
4 莫厘三善堂征信录.1907(光绪三十三年)刻本.

清末民初，东山商帮在上海经营的主要有以下行业。

外资银行和洋行的买办。上海的东山商帮以此业最为出名。买办是指外国资本设立的银行、商行公司等商业金融机构雇佣的中国经理人员。上海由于地理位置适中、海外交通便利，迅速成为西方列强金融资本的集中地。1874—1949 年，外资在上海开设了大小银行 68 家，历时较久、影响较大的有 20 余家。这些外资银行都任用中国人做买办。洞庭东山商人在外国银行、洋行做买办，不仅时间早，而且人数多，非常集中。其中，比较出名的是席氏买办世家。太平天国战争期间迁居上海后，自席元乐的儿子开始，在外商银行做买办的，祖孙三代共有 11 人，如果加上几个女婿，就有 14 人，先后担任了上海 20 多家较有影响的外商银行中的 6 家银行的买办。[1] 最早做买办的是席素贵，从 1874 年开始买办生涯；其次是席素荣，1886 年开始做买办；历时最久的是席裕康，33 年做买办，先后去了 3 个外资银行。席氏的姻亲王宪臣，38 年在外资银行做买办。不少外资银行的买办，长期由东山席家族充任，如英国汇丰银行，1874—1937 年席氏家族连续担任其买办达 64 年之久。除了外资银行买办，一些东山商人还做了上海的洋行买办。洋行买办除了与银行买办一样能够获得高额薪金和佣金外，还能在推销商品、收购原料中投机取巧，赚取额外收入。东山商人担任洋行买办较为有名的，是席元乐的第四个儿子席素恒，后过继给母舅改名沈吉成，是新沙逊洋行的买办。其他的，如孔金声做过礼和洋行的买办，后传给儿子孔文焕；朱蔼堂先后做过开利、百司、基大、礼和、永兴等洋行的买办；席裕福是申报馆的买办；严俊和是礼和、老公茂、谦和诸洋行的买办。

钱庄和银行业。上海钱庄业在乾隆年间就已具相当规模。洞庭商人在上海参与钱庄行业的经营，是在太平天国战争之后。最早参与经营的是东山严氏和万氏，继之而起的是东山席氏、王氏和叶氏。其中，万氏主要依靠经营洋布和典当业的资本，而严、席、王、叶诸氏则主要依靠在外商洋行和银行做买办所积累的资本开办钱庄。因此，买办或多或少都投资过钱庄。严家弟兄两人在明末即以白墙门和花墙门著称。花墙门严兰卿，在上海、苏州等地开设了近 10 家钱庄，上海的 6 家钱庄是镇昌、德昌、裕祥、久源、德庆和庆昌。万家，万梅峰时开设多家钱庄，

[1] 中国人民银行上海市分行.上海钱庄史料[M].上海:上海人民出版社,1960:37-38+752-753.

到其子振声时，又在上海、苏州一带分设钱庄数家，信用卓著。洞庭人经营银钱业出其门墙者很多，上海东山会馆创建时，他一人捐银即达 5 000 元。到万建生时，又改组了几家钱庄，面貌一新。万家几代人先后在上海开设过宏大、久源、森康、德庆、志庆、庆成、庆祥、庆大、敦人等钱庄。席家，席正甫、席立功、席聚星、席志前等均与人合开过钱庄；席德耀创设过惠丰钱庄；席家的女婿东山王宪臣，也与人合开过鼎元和荣康两家钱庄。据调查，"东山人开设的钱庄，光绪二年有 2 家，二十九年有 3 家，三十二年有 1 家，宣统二年有 3 家，民国建元后先后设立了 21 家大钱庄和十几家小钱庄"[1]。通计，洞庭商人在清末民初的上海至少设立或投资了 85 家钱庄（洞庭人以外，苏州帮经营钱业的，程家也非常著名，清亡前其至少开设了 5 家钱庄），由此可知，他们在钱业系统中人数众多、实力雄厚，成为仅次于宁波钱业势力的重要力量。由于熟悉钱业，经营得法，因此在上海钱业各帮的经营中洞庭商人是不断发展的。1933 年上海共有钱庄 72 家，较之 1921 年，绍兴帮由 39 家减至 3 家，宁波帮保持 16 家不变，上海帮由 7 家减为 3 家，而洞庭帮由 5 家增为 8 家，占比由 7%增为 12%。

金融业。洞庭商人尤其是东山商人从事金融业者人数众多，在本国银行大量兴起后，他们中不少人在银行担任了要职或从钱庄改业银行。席德辉曾做过大清银行上海分行协理；席德懋做过中央银行的局长和中国银行的总经理；其弟席德炳做过中孚银行董事长兼总经理，并担任上海中央造币厂厂长；叶扶霄做过大陆银行的经理，担任过上海银行公会的主席。在近代上海，洞庭商人在金融业的势力可能仅次于宁绍商人。金融业是近代上海控扼百业的首要行业，诚如《重建沪南钱业公所碑》所载："中西互市以来，时局日新，商业日富，奇货瑰宝，溢郭填墙，而握其枢者，实赖资本家斥母财以孳息，俾群商得资其挹注，于以居积而乘时。"[2] 洞庭商人投资于银行、钱庄业，就是基于这种认识。例如，设立众家钱业而经营有方的万振声，就是"以金融综绾百业"而弃儒从商的。洞庭商人把握方向，瞅准时机，选择百业之首的金融业，应该说其颇有远见、颇为高明，他们成为近代上海实力较强的民族金融集团实非偶然。

[1] 中国人民银行上海市分行.上海钱庄史料[M].上海:上海人民出版社,1960:745-746+750-753.
[2] 上海博物馆.上海碑刻资料选辑[M].上海:上海人民出版社,1980:398.

丝经和绸业。生丝和丝绸的经营是洞庭商人的老本行。在近代上海，洞庭人经营此业者不乏其人，在业界也颇有地位和影响。席春元开设的席华丰丝栈，朱月树开设的信泰、恒盛丝栈，其后代朱献淮经营的恒兴、公恒、顺信泰丝栈，都是上海经营出口外销丝经业务的，在打开蚕丝销路、振兴中国蚕桑事业方面做出了一定贡献。绸缎，则如王宪臣之父王汉槎，曾与沈吉成家合资在上海南、北市开设了天成绸缎局，民国初年有天成、裕纶、允成、升记、鼎昌等号铺。历任5家洋行买办的朱蔼堂，主要经营丝绸出口业务。朱鉴塘则集股成立久成府绸庄，专门经营用野蚕丝织的鲁绸（即府绸）出口，以质量为宗旨，"数年之间，蜚声海外，年销达六七百万金"。因在振兴民族经济方面的重要作用，其被推举为上海出口分会会长，"执一时出口界之牛耳"。[1] 席守愚从绸缎业起家，先后任大纶绸局总账房经理、总经理达40余年，成为上海绸缎业的领袖，做过上海绪纶公所所长。

工业企业。在近代上海，不少洞庭商人志在发展民族工业，力图打破洋商的垄断，将商业资本转向经营工业企业。例如，东山叶斋创办过龙华制革厂和振华纱厂；郑宝卿创办过扬花绸厂；邱玉如创办过中国第一染织布厂，并自织布匹，领袖上海钱业、布业界；张紫莱创设过多家呢绒织布厂，都有所发展；沈莱舟创办裕民毛线厂，并创立恒源祥号，经营人造丝绒线，成为上海绒线业的领袖；席德灿做过阜丰面粉厂的经理；严敦俊与人合伙办过谦和电灯公司、康年保险公司；叶振民创办过大同实业公司，办有大同橡胶厂，专门生产和销售三元牌自行车轮胎；席氏的刻书印业坊扫叶山房迁到上海后，规模有所扩大，印书量有较大幅度的增加。

此外，近代上海的洞庭商人还活跃在棉业、粮食业、南北货业、木行、茶叶、皮毛、药材、油类、酱业及地产等各行各业。[2]

洞庭西山商帮在上海也有一定实力。1908年（光绪三十四年），同人开始在沪南筹建上海金庭会馆，"竭数十百人之智虑，集四五万金之赀材，越六七年之岁月，屡经艰阻，始克底成"。[3] 数年间，捐款者苏沪同乡有337户，捐银14 829元，另有湘汉各地会馆捐款。

---

1   洞庭东山旅沪同乡会三十周年纪念特刊:先哲小传.1944.
2   马学强.一个传统商帮的近代变迁[J].史林,1996(3).
3   上海金庭会馆第一次征信录:蔡家骅序.1914.

结　论

　　洞庭商人崛起于经济发达、文化昌盛的江南苏州地区，但因地处太湖之中，人多地狭，农作条件极差，读书应科缺乏经济实力。洞庭人与富庶地区的苏州人不同，重文善考，走耕读传家之路，而是从实际出发，充分利用家乡是全国最为重要的丝绸、棉布生产基地的有利条件，又利用江南水乡便利畅达的水道，循着全国最为重要的运河和长江两大商品交流大通道，从事江南与华北、华中地区的商品交流活动。洞庭商人自然性地分工合作，东山商人主要循着运河，以江南为起点，以山东临清为转输地，将江南棉布销往华北大地，而输入江淮盛产的棉花和杂粮、梨枣等物，同时也在长江沿线逐利，以南京为初级转输地，与西山商人一起，大规模从事长江航线的米粮绸布对流贸易，西山商人则专门集中在长江一线开展经营活动，以汉口、湘潭等地为据点，将江南所产绸缎布匹源源销往长江上中游，而向江南输入相对短缺的米粮。在运河和长江两大航线上，形成于弹丸之地的洞庭两山商人，长时期与徽商、山陕商人、江西商人和湖广商人等商帮竞争，堪称明清时期米粮绸布流通的主体运营力量。

　　洞庭商人集中长江沿线经营米粮绸布两大类商品，将一类商品的销售终点和另一类商品的销售起点有机地结合起来，往返都是重载，商业利润要比单程载货高出一倍。洞庭商人经营这些商品，不但在于谋取到地区差价和季节差价，而且在于能够谋取到较为稳当的商业利润。专营布业的东山翁氏、席氏商人家族，一开始就认定要选择利轻而济博的行业，布帛是最为合适的。翁氏、席氏能够不断扩大经营规模，行业选择得当是一个重要因素。而西山地方文献《林屋民风》说当地人"业于商者楚地为多，故下水之货以米为常物，山中商民惟向生意稳当者求之。上水则绸缎布帛，下水惟米而已，险道所不为也"。说得很清楚，经营米粮布帛大宗商品，是最为稳当的生意，风险较小，可以稳中取胜。很明显，这是洞庭商人充分利用自然禀赋、长期经营而合理选择的结果，从而在结营行业上构成不同于其他商帮的明显特征。洞庭商人充分利用家乡经济发展的优势和特点，以江南为起点，以商品转输中心为据点，集中经营绸布米粮这些江南盛产或急需的商品，有利于其迅速高效地组织货源，利用产地或销场优势，利用产品的质量和价格优势，获取到其他商帮所难以获得的较高额利润。

在经商的外在组织形式上，洞庭商人与徽州、宁波、山陕等地商帮一样，也以家族宗亲的力量开展活动，而且某个或若干个家族主要集中在某地或若干地方专门经营某种商品，显得极为突出。东山商人先后兴起过王氏、翁氏、席氏、叶氏、严氏、万氏、郑氏、葛氏、许氏等经商家族，其中最有名是的翁氏和席氏家族，大多以苏州为中心的江南为依托，活动地域集中，经营商品固定，主要活跃于以临清为中心的华北地区经营布匹贸易；西山秦氏、徐氏、马氏、邓氏、蒋氏、沈氏、孙氏、叶氏等商人家族主要活跃于以长沙、汉口为中心的长江中游，经营米粮绸布贸易，以地缘为优势，以家族姻亲为组织形式，卓有成效地与其他地域商人展开竞争，从而"把旧的宗族关系转化为新的商业组合"，是"中国从传统到现代的一种过渡方式"。[1] 洞庭商人一家一姓或若干个家族长期麇集一地经营某种或若干种商品，有利于精通某项商务，积累经营经验，从而能够及时掌握商品信息，熟悉市场行情，减少中间环节，降低经营成本。以家族为商业组合，集中某地某业经营，也有利于商业资本的集中、积累和扩大，有利于经营规模的不断扩大。如东山商人翁氏家族那样世代经营，又与周围其他经商家族世为婚姻，家族资本就更易集中，甚至聚而不散，因为即使资本发生转移，从广义上说，仍在家族内部。洞庭商人如翁氏那样任用亲属，再由其委托家族或亲族内忠心可靠之人四处经营，也有利于增加主雇双方或合作双方的信任感和可靠度，从而确保商务有效稳定地展开。洞庭商人家族殊少经营者卷资逃走的事例，恐怕与其家族组合形式和经营地域特别集中大有关系。余英时称"把旧的宗族关系转化为新的商业组合"是一种有着高度效率的商业经营方式。洞庭商人正是以其突出的家族组合形式活跃在明清时期的商业舞台上的。由于经营地域相对集中，又宗族观念极强，因而虽然地域范围最小，但在一定地域显得特别有力量，以致上海有俗谚："徽帮人最狠，见了山浪帮，还得忍一忍。"[2] 某种程度而言，洞庭东山商人是依靠宗族团结的力量，与其他地域商帮竞争获得一席之地的，这在近代上海的洞庭东山商人买办身上，也集中体现出来。

1   余英时.中国近世宗教伦理与商人精神[M].合肥:安徽教育出版社,2002:252.
2   席德基.东山席家与上海金融业//吴县文史资料:第9辑.1992.

洞庭商人集中在运河和长江两条物货大通道上经营关乎民生日用的米粮绸布等大宗日用商品，从业求稳，不用险招，谋求稳定可靠的商业利润，但并不迂执保守，而能与时俱进，适时转移活动地域和经营行业。当上海崛起为全国最大的通商口岸后，当太平天国的战火烧到家乡后，洞庭商人特别是东山商人及时地将资本转移至上海，在外资银行和洋行中担任买办，并在控扼百业的金融业钱庄中长袖善舞，并创设了诸多近代工业企业及新式行业。不敢冒险，求稳而不保守，眼光精准而又与时俱进，江苏商人的特征在洞庭商人身上体现得十分明显。

聂云台实业教育思想与实践述评*

◎ 严斌林**

摘　要： 聂云台（1880—1953）是民国新型民族实业家的代表，他的实业教育思想重视理论与实践相结合、推崇道德教育的重要作用、注意吸收国外新知识与新技术，体现出浓厚的中西结合、传统与现代合璧的时代特色。聂云台通过自办职员养成所、捐资助学、倡办各类实业学校及强化留学生与实业界之联系等活动，以多样化的路径践行其理想的实业教育模式，培养了大批实业人才，为近代中国实业教育做出重要贡献。

关键词： 聂云台　实业教育思想　教育活动

近代"实业教育"是职业教育的渊源，源自英语中的"industrial education"，本义是"工业教育"，后经日本转译为"实业教育"而传入中国。[1]中国民族工商业兴起过程中，如何建立工业体系和企业制度成为首要问题，这促进了实业教育的萌生和发展；工业化的大机器生产是以科学技术知识为基础的，需要懂机械、会维

* 本文为江苏省高校哲学社会科学一般项目"聂云台实业思想及实践研究"（2023SJYB0026）阶段性成果。

** 严斌林，南京理工大学马克思主义学院讲师，研究方向为上海城市史、抗日战争史，电子邮箱：yblyzl1987@126.com。

[1] 谢长法.中国职业教育史[M].太原:山西教育出版社,2011:1-17.

修的技术工人；现代企业制度是以公司运营管理为基础，需要懂会计、会管理的职员；所以，实业教育是与工业生产相伴，是与现代企业同行，它具有以近代科学技术知识为内容、以培养中初级专业人才为目标等本质特点[1]，深深烙有工业化与现代化的时代印迹。近代中国，始终将实现工业化与现代化作为国家最重要的使命，而为此提供智力资源和技术支撑的实业教育，自然成为各方关注的焦点。

综观学界现有成果，对于实业教育思想的研究多集中于近代教育家、思想家和政治人物的思想内容及实践活动，如杨昌济、任鸿隽、严复、盛宣怀、李鸿章和孙中山等人[2]，且多为学理性探讨，对于掌控企业发展、身处生产前沿的实业家之实业教育却关注不够，有限的研究也仅聚焦于张謇、穆藕初等个别人物[3]，较少结合实业家自身背景和创业经验来分析，故很难充分展现近代民族实业家这一群体对于实业教育的认知、思考和践行，亦无法突出其实业教育在地化的诸多特点和成效。因此，扩展研究范畴，丰富讨论内涵，是深化近代实业教育研究的必由之路。

聂云台，湖南人，曾国藩的外孙，晚清洋务派干将人物聂缉椝之子。自1905年承租华新纺织新局，开办实业始，先后改组整顿恒丰纱厂，筹办时人誉为"模范纱厂"的大中华纱厂，发起成立中国铁工厂、中美贸易公司、恒大纱厂、华丰纱厂等新式企业，取得不俗业绩。此外，他两次游访欧美，考察实业，发起组织华商纱厂联合会并任副会长主持会务，被推选为上海总商会会长，成为民初具有革新精神的新派商界领袖，有极大的社会影响力。目前，学界关于聂云台的研究已有一定基础，涉及其工商活动、经济思想等领域。[4] 但遗憾的是，对于聂云台实业教育思想

[1] 刘桂林.中国近代职业教育思想研究[M].北京:高等教育出版社,1997:4.
[2] 韩秀珍.杨昌济的实业教育思想[J].湖南师范大学教育科学学报,2003(6);谢长法.任鸿隽的实业教育思想[J].教育与职业,1999;牛金成.严复实业教育思想及其启示[J].高教探索,2011(6);欧七斤.盛宣怀与中国近代教育[M].上海:上海交通大学出版社,2016;王文涛,牛金成.李鸿章实业教育思想研究[J].继续教育研究,2012(9);马敏.孙中山与张謇实业思想比较研究[J].历史研究,2012(5).
[3] 方晓梅.张謇实业教育思想与实践研究[J].职业技术教育,2010(28);田正平.中国教育史研究·近代分卷[M].上海:华东师范大学出版社,2001;高俊.论穆藕初的实业振兴思想[D].上海:复旦大学博士学位论文,2006;李忠,王筱宁.穆藕初的实业教育思想及其实践[J].河北师范大学学报(教育科学版),2009(1).
[4] 汤连照,郭小东.近代民族资本企业管理思想初探[J].江淮论坛,1988(4);钟祥财.中国近代民族企业家经济思想史[M].上海:上海社会科学出版社,1992;徐鼎新.中国近代企业的科技力量与科技效应[J].近代史研究.1994(1);应彬.中国近代棉纺织业的巨擘聂云台[J].企业家天地,1997(2);朱新屋,吕谋琴.重访中国近代革命的"低音":以湖南士绅聂云台为例[J].唐都学刊,2016(3).

与活动的关注尚付阙如，使得这位颇具代表性的商界领袖的研究稍显不足。聂云台的主要事功虽然在经办实业方面，但他对于教育事业亦异常重视，尤其是在教育与实业的关系层面有着独到的思考和认知。他深知教育对于实业人才培养的重要性，主张教育不能脱离现实社会而空谈学理，提倡将学理与实践相结合的教育观，同时十分重视道德教育在人才培养中的重要作用，试图通过教育形塑出具备丰富学识与高尚品德的实业人才。他还非常注意对于新式科学文化知识的吸收，将其视为实业人才的基础。聂云台秉持此种教育理念开展了一系列教育活动，成为实业家中乐于助学的典范，为近代中国实业人才的培养做出重要贡献。本文即以聂云台实业教育思想和实践为考察对象，深入分析其实业教育思想的内涵特点，全面梳理其实业教育实践活动的脉络与内容，以丰富和充实聂云台及近代实业教育的相关研究。

实业教育思想的萌发基础与动力

作为日益成长、壮大的民族资产阶级的代表人物，伴随政治身份的渐趋独立和思想觉悟的日渐开明，新派商人对于教育与经济的宏观联系有着更为清醒的认识和深刻的把握[1]，聂云台也不例外。不同于近代致力于教育革新的教育家或主持洋务的政治人物，聂云台作为出身书香世家且又躬身生产一线的实干家，他的实业教育思想的萌发深受家庭教育氛围的熏染，以及经办实业过程中经验与问题的启发。可以说，正是中西与内外等多方因素的交织促动，构成聂云台对实业与教育关系进行深入思考的基础与动力，这是其实业教育思想形成的重要背景。

首先，家庭教育中浓厚的经世时务氛围的影响，是聂云台实业教育思想的基础元素。注重通经致用之学，是近代湖湘士风的一大特色。[2] 聂云台的父亲聂缉椝少年时即"尤留意经世之学"，后因科考不中，"究心政学，博观约取以蕲实用"[3]，并成长为洋务派务实型官员的代表人物。他在江浙沪等地任职时，在创办新式教育机构、引介倡导西学方面做出了很多贡献，受到上海西人的高度评价："他

1 田正平.中国教育史研究·近代分卷[M].上海:华东师范大学出版社,2001:497.
2 徐亚萍.曾国藩的经世思想及其实践[M].台北:文津出版社,2015:128-129.
3 聂其杰.聂缉椝行述//陈建华,王鹤鸣,王铁.中国家谱资料选编·传记卷:878.

（聂缉椝）自己以及他的同胞对获得更完整的关于西方事务的知识充满渴望，这值得称赞！"。[1] 聂缉椝积极引导聂云台学习西学，接触新知。他先后聘请傅兰雅夫人和西人劳伦斯小姐为聂云台等人教授英语、电气和化学等科学知识，奠定了聂云台厚实的科学基础。[2] 聂母曾纪芬"幼承庭训，知书习礼，不仅娴于闺训，且精女红，勤纺织"[3]，养成了"持躬俭朴"[4]的精神品格，她以此来教育聂云台等子女。曾纪芬认为教育的目的就是要以选定职业为依归，具体来说，"资质敏捷者，教之一心读书，务底于成；其质鲁者，亦须读书四五年，俟其稍识文义后，或令耕田，或学做艺，或习商贾"[5]，她将少年教育看做以后选定职业的前哨，这与后来的职业教育思想在本质上有很高的契合度。这些思想被聂云台领受，并内化为自身教育观念的一部分。家庭教育为聂云台实业教育思想培植了基础。

其次，创办实业过程中所面临的人才缺乏困境，是聂云台实业教育思想形成的直接推动力。其实，中国近代棉纺织企业自创办之初，就面临着专业人才紧缺的窘况。直至民国初年，中国的"纺织专才尚少"[6]，很多中国纱厂只能聘请洋人担任技师，"此等专任技师每日仅至工场一二次，绝无期望其业发达隆盛之诚意，且不负责任"[7]。这种本国技术人才稀少、外国技术人员不可靠的困窘情势，加剧了企业对于中国技术骨干的渴求力度。聂氏家族收购华新纺织新局后，在承袭原有管理人员和工人的同时，亦继承了老规、包头等带有封建性的管理制度，这严重制约了企业的生产与发展。尤其是技术人才的缺乏，迫使聂云台亲自下车间学习研究，并于 1909 年在厂里开办技术训练班，以极为简单的课程设置培养初级技术人员，这可视为聂云台从事实业教育的第一步。[8] 随着聂云台实业活动的增强和实业规模的

---

[1] Impartial Not Neutral[N].The North-China Herald and Supreme Court & Consular Gazette, 1893-04-14,(50):513.

[2] 聂其杰.崇德老人纪念册:聂曾纪芬自订年谱//沈云龙.近代中国史料丛刊,1(22):326;Who's Who in China[N].Millard's Review of the Far East,1919-10-25:326.

[3] 啼红.曾国藩幼女:书曾纪芬事[N].力报,1943-04-14(2).

[4] 天然.家庭访问记:聂太夫人[N].申报,1934-01-11(14).

[5] 聂其杰.聂氏重编家政学十二章.浙江官书局重印,1904:25;上海图书馆古籍部藏,索书号:405571-72.

[6] 朱仙舫.三十年来中国之纺织工程[J].纺织染工程,1947,9(8):7.

[7] 詠黄原.中国纺织业之缺点[N].上海日报,引自中华实业丛报.1913(7):纪事 7-8,转引自陈真.中国近代工业史资料:第四辑:298.

[8] 中国科学院上海经济研究所,上海社会科学院经济研究所.恒丰纱厂的发生发展与改造[M].上海:上海人民出版社,1958:20-21.

扩大，实业人才缺乏的矛盾愈加尖锐，直接推动聂云台对实业教育的深入思考。

再者，两次赴欧美考察实业的经历，开拓了聂云台的商业视野，深化了他对实业教育的认知。1915年4月9日，聂云台作为中华游美实业团副团长随团赴美考察实业。在美国，聂云台等人受到美国政商各界的高规格接待，参观教育、农工商矿和其他各项机关达108处。[1] 聂云台在整个考察行程中，对于农业、理化及纺织等行业部门进行了较为细致的调研，如伊利诺大学的农林畜牧试验场，乃德市的窗牖玻璃制造厂，朴洛维腾斯市的纺纱厂等。[2] 这些机构在组织形态、科学研究和技术设备等方面都具有世界领先地位，这对聂云台而言不啻为一次视野与见闻的双重革命。诚如归国后聂云台坦言，本次赴美考察实业，"所得扩张工艺之教训不少"[3]，尤其是对于美国南方各新式工厂，"见其工作，殊为满意"[4]，这就启发他开始着力关注新式机械在企业发展中的重要作用，并积极提倡学习欧美先进的工业技术。1920年4月18日，聂云台第二次出洋考察实业。此番欧美之行，由上海至美国，继而英国、瑞士、德国、比利时和法国，共游历六国，考察区域广阔、行业众多。聂云台先后参观了美国福特汽车工厂、英国的机器博览会、德国克虏伯兵工厂和造船厂、比利时玻璃厂等[5]，这使其对欧美各国实业发展的不同特色有了清晰的对比和认识。同时，聂云台借机向美国商界游说，希望他们能够为华商纱厂联合会创办的棉铁学校"提供必要的设备，要么免费，要么减价"[6]，当他看到美国重视成人教育和补习夜校时，则暗下决心要在中国仿效推行。[7] 可见，两次出洋考察实业的经历，对于聂云台实业教育思想的形成与完善产生了重要影响。

最后，对于中国实业教育薄弱与实业人才缺乏之困境，聂云台有着敏锐的观察和深深的忧虑。近代中国实业教育基础薄弱，但随着民初工商业的稳步发展，商界各业"在需要高等人材，而人材缺乏异常，实业界领袖孤掌难鸣，常有才难

1 中华游美实业团游程统计表.收入农商部.中华游美实业团报告.商务印书馆,1916:5.
2 中华游美实业团游程日记.收入农商部.中华游美实业团报告.商务印书馆,1916:10-20.
3 赴美实业团回沪后之追溯游踪[N].时报,1915-08-28(7).
4 傅道伸.英美纺纱机器之比较[J].华商纱厂联合会季刊,1919,1(1):66.
5 聂云台君考察欧美实业之摄影[J].时报图画周刊,1920(28):1;聂云台返沪及其谈话[N].时报,1920-12-06(9).
6 The Promise to America of Industrial China-Chinese Business Mission to The United States Pictures America's Vast Opportunities in China[N].The Canton Times,1920-08-12:4.
7 聂云台在青年会演说纪[N].申报,1920-12-16(10).

之叹"[1]，人才匮乏已是影响中国实业发展的重要桎梏。聂云台批评当时中国教育重视社会科学而轻忽实用工科的现象，这并非理想的教育模式。[2] 他立足与外人商战竞争的角度，提出要未雨绸缪培植实业人才，以弥补在组织管理与技术革新等方面迟滞而造成的各种损失。[3] 他还从更宏阔的视野出发，强调发展事业与人才的关系，"其事业正大者，则人才必归附之；人才群荟萃于此事业，则该事业之推行，必益利；而人才之闻风景从者，亦必益多，此循环加进之数也"[4]，即人才与事业是互相推动、相辅相成的关系，事业成功者，人才必然归附来投，人才荟萃者，事业推行更易成功，这是一种互为因果的良性循环，对于实业发展与人才培育的关系，亦是如此。在此基础上，聂云台得出结论"预备人才，为办厂之先务"[5]，且强调"教育之普及与实业之发展，可增进民间幸福与兴盛"[6]，表明他对于实业与教育之关系已有较深入的认识，视教育与实业为增进民众幸福与兴盛的有利途径，由此逐渐形成自己特色的实业教育思想。

实业教育思想内涵

具体而言，聂云台实业教育的思想主要包含三个方面的内涵：重视理论与实践相结合、推崇道德教育在实业教育中的重要作用、注意吸收国外新知识与新技术，体现了浓厚的中西结合、传统与现代合璧的时代特色。

重视理论与实践相结合。实业教育不同于纯学理教育，亦不同于政治法律等社会科学教育，它对于实践操作能力的高要求决定了其培养模式与一般学校教育的差异。然而，受限于传统文化重道轻艺、重形而上的固有观念，以及国家工业基础发展缓慢薄弱的现实条件等叠加因素，近代中国实业教育中存在着严重的脱离生产生活实际的弊病，损害了实业教育经济功能的有效发挥。[7]

[1] 上海商科大学缘起[J].钱业月报,1921,1(8):专载 3.
[2] 中华职业教育社第四届年会报告[J].教育与职业,1921(27):1.
[3] 聂云台.本报发刊缘起[J].华商纱厂联合会季刊,1919,1(1):5.
[4] 聂云台.温佩珊君之决志服务社会与其影响[J].兴化,1919,16(6):3.
[5] 聂云台.棉业计划书[J].华商纱厂联合会季刊,1919,1(1):15.
[6] 会务日志[J].华商纱厂联合会季刊,1920,1(2):274.
[7] 刘桂林.中国近代职业教育思想研究[M].北京:高等教育出版社,1997:269-273.

聂云台针对中国当时工业学校重理论轻实践的教育弊端，提出重视理论与实践结合并重。1913年底，聂云台在跟工部局沟通创办聂缉椝华童公学的函件中即坦言："我虽然充分认识到纯学理研究作为通识教育基础的重要性，但是学生大脑的训练应该与双手的训练相结合，我也希望能重视商业训练，尤其是从给年轻人以商业就业机会的角度来进行教育。上海正在迅速崛起成为铸造厂、码头、工厂和工程建设为主的首要工业中心，我们学校的男生们应该为此做好准备。"[1] 很明显，他在承认纯学理教育的基础性作用的同时，主张将脑力训练与体力训练相结合，尤其要联系上海的商业前景，有针对性地加强商业知识与能力的训练，以培植合格的实业人才。这是聂云台第一次比较清楚地表述自己的实业教育主张，说明他在实业教育思想形成初期就已认识到理论与实践相结合的重要性。几乎同一时期，聂云台牵念湖南衡山聂氏族学的办理情况，专门致信族人，较为系统地提出了自己对于办理族学的思考与计划。他提议"于校中添设手工实习科，或作木工、铁工，或植园蔬"，使学生在学习相关知识的同时，"作工既资运动（欧美日本高等小学多有手工实习科），又得实益，即年多费数十千，所不必惜也"[2]，为理论与实践相结合多费银钱是值得的，透露出他对于实践教育的偏爱与钟情。

随着聂云台实业活动的扩展和实业教育思想的充实完善，他对于实践能力的重视倾向愈加明显，甚至以实用主义来审视教育的价值。1916年7月，聂云台在复旦公学毕业典礼演讲时，"切戒学生注重实学"[3]，为国内实业发达做出贡献。他阐释的理论与实践相结合教学方法的诸多益处，包括"虚实互证，趣味自浓，既可药呆读死书之弊，又可发挥尊重劳动之精神，成材以后，各厂需用之不暇，自无仰求官厅给凭之必要，即无墨守部定章程之必要"[4]，最终"造成一种劳动之学生"[5]。在他看来，理论为虚，实践为实，只有理论与实践相结合，才能虚实互证，产生读书之趣味，养成尊重劳动之精神，培养出优秀的实业人才，且这些人

[1] Chi Chen-Nieh to Municipal Council,1913-12-16,上海工部局工务处关于聂中丞公学地产往来函件.上海档案馆藏档案,档案号:U1-14-6727.

[2] 云台致立斋:元声书//陈建华,王鹤鸣.中国家谱资料选编·教育卷[M].上海:上海古籍出版社,2013:738.

[3] 两大学堂之毕业式[N].申报,1916-07-02(10).

[4] 聂云台,穆藕初,刘柏森.本会棉铁工业学校计划书:5.

[5] 中华实业大学筹备会[N].时报,1919-11-05(3):5.

才定为各工厂需用不暇，故无须墨守官方颁定的各种教学章程，一切以实用为中心灵活办学。他甚至在教育家族子弟时坦言："说到教育，自然是要从实用上注意"[1]，还曾强调教育要做到"于日常生活上为训练，少谈高深之理论，而多注重事实经验"[2]，表明他欲以经验与实用价值来衡量教育的作用，显然是深受湖湘文化中经世致用思想的影响，可谓将实用主义在教育中发挥到了极致。

推崇道德教育的重要作用。聂云台出身儒学氛围浓厚的官宦世家，对中国传统士人讲求的"修身、齐家、治国、平天下"的奋进轨迹和"仁、义、礼、智、信"的道德准则并不陌生。同时，聂云台早年即参与上海基督教青年会的活动，对于青年会提倡的"德智体"三育话语亦甚是服膺[3]，他认为"人为肉体、智慧、灵性三者结合而成"，因此在拥有强健身体与丰富智慧的基础上，"不可无更上一层之灵性"[4]，即要在道德修养上更进一层，方能成为健全之人才。这些中西文化养分是聂云台推崇道德教育的重要动因。

聂云台实业教育中德育观念的内涵，是逐渐扩展并深化的。1911年，聂云台在制定聂氏族学草章时，即专列一条"堂中宜特别注重德育，毋使子弟稍染恶习，功课份数切实实行"[5]，这是聂云台首次正式提出在教育中要重视"德育"教学的内容，且明显属于"修身"的道德范畴。1913年，聂云台更详尽地阐释了他的德育观，"教育三大要端，即德育、体育、智育，而鄙意尤以德育、体育为急务"，其中"德育"的内涵为"敬、信、勤、俭"四字，认为"中国之受侮于外邦，实由违悖此四字宝训，以致贫弱之故"[6]，他认为近代中国正是因缺失"敬、信、勤、俭"的品性，才导致积贫积弱，受尽列强欺凌。晚年的聂云台在回顾道德教育的问题时，

1　聂云台.家计方针[J].聂氏家言选刊,1928(1-2):14.

2　聂云台.择业之指导[J].教育与职业,1928(93):145.

3　中国基督教青年会提倡的"德智体"三育相对应的是"灵心身"的教育，其在近代中国一度政治化为教育救国论中较为核心的理念之一，具体论述参阅张志伟.中国青年会与"三育"话语："德育""智育""体育"//基督化与世俗化的挣扎:上海基督教青年会研究1900—1922[M].台北:台湾大学出版社,2012:407-463.

4　中西女塾筹商募捐大会纪[N].申报,1919-11-04(11).

5　聂云台.拟办族学草章//陈建华,王鹤鸣.中国家谱资料选编·教育卷[M].上海:上海古籍出版社,2013:736.

6　云台致立斋:元声书//陈建华,王鹤鸣.中国家谱资料选编·教育卷[M].上海:上海古籍出版社,2013:737.

对自己理解的德育再次进行了明确的论述："所谓德育者，大要在矫正普通之观点错误，以造成其新观念，使服务精神，多于权利思想，克己训练，多于享乐欲望"[1]，在坚持其早年德育教育中"敬、信、勤、俭"等处事精神的同时，更突出自我道德规束的强化，希望养成服务精神、克服享乐欲望，具有更明显的传统德育底色。

聂云台对道德与实业之间的关系，有着深刻的思考和体悟。他非常看重敬业精神，认为"天地间值钱之物，惟有'靠得住'三字"，"何谓可靠？即敬事而信之谓也"。他将敬业精神作为选用人才的重要标准，虽然"来求事之人甚多，不敢轻用也"[2]，而对于可靠敬业之人，则不惜重金聘用。他对信用品德异常重视，强调"出言必践，毋轻诺，毋爽约"，他还以中西做对比，"西人宴会迟到不逾五分钟，我国则爽约候时已成习惯，借债总不按期归还，经手银钱随意挪扯，全国已成风气，纯致债台高筑，而国家有破产之忧"，他认为正是中国人在商业活动中养成的这种不讲信用的陋习，限制了商业的发展，甚至影响了国力的提升。反观而言，"英人商业道德最高，上海之汇丰银行，信用最孚，生意最盛"[3]，他把崇高的商业道德与商贸兴衰相联系，将道德定位于实业发展中事关成败的关键因素。

聂云台认为艰苦奋斗、诚实及合作等精神正是当时的中国所急需的。他秉持这些准则进行商业活动，并且很欣赏在工厂夜校学习过的那些管理人员所具备的忠诚、谅解和可靠的品行，将他们视为自己创办实业的有力助手。[4]因此，聂云台提醒各位学生"信用非可崇朝而立，必须积多年之资格始成"，如果以后欲到他经办的工厂做工，他必定要"调查其向日信用如何，又必试以小事数年，观其实在，然后俾以银钱要职也"[5]，勉励诸生要从小就培养良好的信用习惯。他甚至满怀期待的坚信，"个人之修养者，不独为抗恶社会之同化，其影响所及，则社会风习亦随此个人转移"[6]，将道德修养的提升作为对抗社会恶习的重要力量。他理

1　聂云台先生谈创校经过//冯纬世.回忆与憧憬：上海市市东中学建校90周年文集[M].北京：中央民族大学出版社,2006:221-222.
2　云台致立斋：元声书//陈建华,王鹤鸣.中国家谱资料选编·教育卷[M].上海：上海古籍出版社,2013:737.
3　聂云台发起留英俭学[N].申报,1920-03-26(10).
4　Is Starts Today,Red Cross Drive[N].The Shanghai Times,1918-05-20:9.
5　云台致立斋：元声书//陈建华,王鹤鸣.中国家谱资料选编·教育卷[M].上海：上海古籍出版社,2013:737-738.
6　聂云台.旅沪湖南公学校箴 并序[J].聂氏家言选刊,1926(3):28-29.

想中的学校是在科学教育之外，"尤重精神教育，且躬操劳役，为诸生率，灌园学圃，手镊治污，炊爨之事，师生共之"[1]，显然是将道德教育与实践能力的培养融合进行，这种认知在当时社会尚属鲜见。

注意吸收国外新知识与新技术。聂云台有相对扎实的西学功底，在经办实业的过程中，比较关注国外新知识与新技术的发展动态，尤其提倡在实业教育中对最新科学技术的吸纳和学习。他对于新式技术在商战中的重要性有着清醒的认知，他强调"今日之世界，一科学相争之时代也，无精良之技术，不独已有之厂，万难置身于商战剧烈之场，即新设者亦难免不蹈旧厂之覆辙"[2]，掌握新式精良技术，方能立足于剧烈商战之场地，是他重视新式技术的根本动力。1917年5月，聂云台与黄炎培等人署名发布《中华职业教育社宣言书》，即批评当时的工商学校在教学中"无新学识以应用于实际，无新人才以从事于改良，教育不与职业沟通，何怪百业之不进步"[3]，将工商业发展落后停滞之原因，归结于实业教育中知识技能的陈旧、教育与职业的脱节，表明聂云台等人已注意到新式知识与技术对于实业发展的支撑作用。

合作与模仿成为聂云台引进和吸收先进技术的重要途径。20世纪20年代初，英美等国纺织学校和机械制造厂亟欲恢复在华市场，多有招收中国学生入校或入厂学习者，这为中国棉纺业学习欧美新式技术提供了绝好机会。1920年聂云台赴美考察时，又见美国商界成立了专门负责技术研发的棉业研究公司，他当即致函负责经理，"询以能否收受中国之纺织学生及中国资本"[4]，期冀通过这种方式注入中国资本和派遣中国学生加入其中，以便能够与美国相关团体合作进行技术研发，学习并引进最新技术知识为中国实业界服务。1921年初，甫由欧美考察归国的聂云台，便在上海商界积极倡导广设商业补习学校。他认为"在科学时代，隔了几年，又有新的显明出来，非学不可，所以补习是最为要紧"，主张商界中人要与时俱进，通过补习学校对于"个人知识、普通知识、商业知识、办学知识"进行及时的研究学习，以保持与时代相符合。他甚至提出"全上海各路，均应组

[1] 聂云台.旅沪湖南公学校箴 并序[J].聂氏家言选刊,1926(3):28-29.
[2] 聂云台,穆藕初,刘柏森.本会棉铁工业学校计划书[J].华商纱厂联合会季刊,1920,1(2):2.
[3] 中华职业教育社宣言书[J].东方杂志,1917,14(7):164.
[4] 组设棉业研究机关之借镜[J].华商纱厂联合会季刊,1921,2(3):5.

织此补习学校，更望全中国组织，愈广愈妙"[1]，表现出对于商业补习学校的极高期待。同年 9 月，聂云台联合张公权、穆藕初等人创办的上海商科大学正式开学，更是将传授最新、最全之商业知识作为该校的立校之本，"商科大学则将授世人以世界最新、最完全、最适用之知识，使奇才异能，得此锐利之工具，更可发展其才能"[2]，其对吸收国外新知识与新技术的热情可见一斑。

实业教育实践活动

聂云台对于实业教育的重视，不仅体现在其对于教育内容与体系的思考上，更是躬身践行，通过自办职员养成所、捐助聂中丞华童公学、参与起草创办棉铁工业学校、与英商倡议合办中英纺织染学校、强化留学生与实业界之联系及发起筹办实业学校等多种途径，在不同层面灌注并落实其主追求的教育模式与教育理念。

自办职员养成所。1909 年，聂云台全面接手恒丰纱厂后，立即着手筹备训练班并开始招生。训练班发展到后来，逐渐规范化并更名为职员养成所，注重培养纱厂技术与管理人才。在 1919 年大中华纱厂成立后，该厂亦创办相同模式的职员养成所。养成所招考条件不同时段略有差异，但变化不大，要求年龄在二十至二十五岁（个别时段放宽至三十岁），具有"甲种工业学校纺织科或机械科毕业"资格，同时须"身体强壮、能耐劳苦且毫无嗜好"[3]，对文化水平和体能条件提出一定的要求。培养模式上，"每周授课二十二小时，上午实习，下午一时至五时上课"，以实现其"予以纺织技能之智识，辅以实习"[4]的教学目标。这种理论加实践的教学方法效果明显，据养成所毕业学员回忆，他们在"课余之暇，入厂实习，更知工作之梗概，理喻与实际互相印证，以视纸上空谈，实有事半功倍之效"[5]。教授科目"英文每周占四时，日文二时，数学二时，电工一时，纺织专科十一时，簿记一时，设计一时，教材用商务本，兼有用教义者"，可见养成所的科目设置已

1　聂云台元旦日之演讲[N].申报,1921-01-04(10).
2　上海商科大学缘起[J].钱业月报,1921,1(8)：专载 3。
3　大中华纺织股份有限公司职员养成所招考广告[N].申报,1920-02-27(4).
4　恒丰纱厂设施补习教育状况[N].新闻报,1926-11-01(4).
5　涂笃行.在本厂肄业一年之感想与心得[J].恒丰周刊,1927(117)：3.

非常全面且成熟。教师"均系该厂工程师兼任，经费由厂方担任"，学生在入学时，"须纳保证金二百元，所有书籍膳宿等费概免"[1]。养成所学习期限为一年，学员毕业后必须在聂氏纱厂"连续服务三年，如服务不满三年而往他处谋事者，本厂得没收此项保证金"，"如约服务者满期后，保证金如数发还"[2]，且在厂服务期间还会给予学员"二十元以上之薪金"[3]，以保障学员日常生活。

聂云台在开办训练班或养成所培养人才的同时，十分重视优秀人才的选送深造。他先后"资送数人至南通纺校及欧美学纺织"[4]，如他资送员工任尚武就学于南通纺校，又派其赴美国在北加罗林大学学习纺织，并获纺织硕士学位[5]，资送傅道坤赴法学习纺织[6]，这些人学成归国后成为聂云台经办纱厂的得力臂膀。至1930年，聂云台创办的职员养成所共开办八班，"培植人材不专为己厂用，毕业后稍尽义务即可应他厂之约，故以前毕业生多已转任他厂之要职"[7]。对于这种广播纺织人才于工商界的义举，时人有生动评述："恒丰纱厂为我国最初设厂之一，于人才之培养亦最先，故现时各厂技术部分人才，多出其门，该厂主人亦以乐育为务，对于各厂延揽略无顾惜，前者既去，则复招改英俊以为继起"[8]。甚至多年以后，仍有纺织界后进撰文称诵聂云台在培养人才方面的功绩，认为"当世纺织界知名之士，多出聂氏之门"[9]，这是聂云台在实业教育方面比较成功且影响深远的重要事功。因聂云台主要使用其延揽的留日纺织人才教学授课，日本学者甚至将恒丰和大中华纱厂职员养成所等机构培养的纺织人才，视为近代中国留日纺织学员对国内纺织人才培植的重要成果体现[10]。

捐助成立聂中丞华童公学。1913年12月，聂云台考虑到当时的沪东地区"人

1　恒丰纱厂设施补习教育状况[N].新闻报,1926-11-01(4).
2　恒丰纱厂养成人才[J].纺织时报,1929,584(335).
3　恒丰纱厂设施补习教育状况[N].新闻报,1926-11-01(4).
4　仰莽.聂云台先生自述[J].汗血周刊,1937,8(23):446.
5　恒丰纱厂派员赴法[N].申报,1919-10-15(10);恒丰纱厂加工制货[N].申报,1923-12-23(17).
6　恒丰纱厂派员赴法[N].时报,1919-10-15(10);恒丰纱厂派员赴法[J].实业旬报,1919,1(5):45.
7　恒丰又养成人才一批[J].纺织时报,1930(688):392.
8　恒丰纱厂养成人才[J].纺织时报,1929(584):334.
9　纺织界名人录：聂云台[J].纺织染工程,1941,3(2):125.
10　据1935年中国纺织学会年度正会员统计，由恒丰和大中华职员养成所毕业的学员占总人数的4.6%，在各类纺织学校中排第4名.富泽芳亚.20世纪30年代中国纺织技术人员对日本纺织业的认识：中国纺织学会与日本的关系[J].朱婷,译.近代中国,248(13):248.

烟稠密，苦无良好学校，儿童失学者多"[1]，遂致函工部局，计划将聂家在提篮桥东倍开尔路荆州路转角处的一块 10 亩地皮捐赠给工部局，希望工部局用此土地建立一所华童公学，专供中国儿童就读，并对该校的教学内容与体系提出了要求：既要重视"心、身、灵"三方面的道德教育，又要将手工训练与理论学习相结合。[2]聂云台认为"东区以工人居多数，应注重职业教育"，故特别向工部局强调，要在学校里"设金木手工科，欲使学生毕业后有工业上之基本知识，及实际之技术训练"[3]，以便这些工人子弟毕业后能以实业技术求得一份稳定的工作。这一创议在当时中国的各学校中，堪称创举。很快，工部局即在董事会会议上通过了接受捐赠和采纳聂云台教学建议的决议，聂中丞华童公学进入正式筹办阶段。[4]

经过两年的筹建，1916 年 2 月聂中丞华童公学正式开学。[5]该校立校宗旨为"培植旅居公共租界之华童，造就完全之人才。大之可游学西洋，直入英国大学；小之离校后，可在社会上有自立之资格"，可见该校对于人才之培养是多层次的。其课程教学为"中西文并重，所聘中西教员均受有高等教育，富有经验者，教授时间中西文各半，不致有偏重之弊"，重视中西语言的教授，且教员综合素质较高，课程习授时间均衡合理。该校额定学生为四百名，一年分两学期，每学期学费为二十元，较其他公学学费低廉，对于家境贫寒者，聂云台还特设奖学金予以补助，竭尽所能帮助工人子弟入学就读。[6]因为聂云台强调要重视学生的理论与实践相结合，故该校在校舍设置上亦别具一格，"校舍内容分普通教室、特别教室两种，普通教室有八，特种教室有美术室、化学实验室、手工室各一"，为学生提供实践操作的专门场所。同时，该校"有礼堂、膳堂、厨房，各室之建筑，均照西国近时最新样式布置"。[7]随着聂中丞华童公学的发展，该校不仅扩建了教舍

---

[1] 聂云台先生谈创校经过//冯纬世.回忆与憧憬：上海市市东中学建校 90 周年文集：221.

[2] Chi Chen-Nieh to Municipal Council,1913-12-16,上海工部局工务处关于聂中丞公学地产往来函件.上海档案馆藏档案，档案号：U1-14-6727.

[3] 聂云台先生谈创校经过//冯纬世.回忆与憧憬：上海市市东中学建校 90 周年文集：221.

[4] Chi Chen-Nieh to Municipal Council,1914-02-16,上海工部局工务处关于聂中丞公学地产往来函件,上海档案馆藏档案，档案号：U1-14-6727；工部局董事会议录.18：694+19：519.

[5] 工部局谕[N].申报,1915-12-22(4).

[6] 聂云台先生谈创校经过//冯纬世.回忆与憧憬：上海市市东中学建校 90 周年文集[M].北京：中央民族大学出版社,2006:222.

[7] 工部局立聂中丞华童公学简章[N].申报,1916-07-09(11).

房屋，还相继添设了手工教授处、"新式手工课堂"[1]，增加学生手工实践场所。显然，聂中丞华童公学是聂云台参照欧美国家学校创设，在师资、硬件设施、教学内容与培养模式等方面具有一流水平的新式学校。

重视实践操作能力与科学知识的综合培养，是聂中丞华童公学一贯的教学特色与风格，这种教学实践的效果无疑是明显的。例如，1948 年在上海举办的各中学自然科学成绩展览上，聂中丞华童公学所陈列的三个教室，展陈"动物、植物、矿物及物理化学方面的标本、教具，以及教师和学生所制作的、收集的不下数千种"，该校师生编列的昆虫生活史、人类取火史等颇受参观者好评，认为这是整个展览会中"展览品最完备而又编列最精细最美观的"，"这对于历史较短的学校是不可能的"。[2] 抗战结束后，国民政府教育部视察聂中丞华童公学，称赞其"在苏省境内各中学中，可首屈一指"[3]，就是对该校成绩的公正认可。聂云台主张并践行的注重学生实践操作能力的培养模式，使得聂中丞华童公学的毕业生具有较强的实践能力，在求职时更受用人单位青睐。这正是由聂云台的远见卓识带来的良好结果。

起草创办棉铁工业学校。1917 年华商纱厂联合会成立后，聂云台在致力于植棉改良的同时，亦开始"谋纺织技艺之昌明，于是有棉铁工业学校之筹备"[4]。1918 年 11 月 30 日华商纱厂联合会宴请上海中外纱厂及纱业公所等代表，美国商务参赞安立德与怡和纱厂经理扣福就提出"中国棉业，首在人材缺乏，亟宜在沪创一纺织专门学校"，聂云台当场宣布认捐一千八百两白银，用以资助纺织学校建立。[5] 1919 年 7 月 20 日，华商纱厂联合会特别大会上首次正式提出议案，并推定委员四人筹商进行方法。9 月 20 日的特别会议上，又初步决定在张华浜设立一所纺织技工学校。[6] 会后，聂云台提出可行性方案，认为"办理此校，必理论与实验并授，拟建一万或五千纱锭之厂一所，设工徒科、技手科、高等技手科、技师

1　聂中丞公学之扩充[N].时报,1922-07-06(10).
2　参观各中学自然科成绩展览[N].申报,1948-07-13(8).
3　聂云台先生谈创校经过//冯纬世.回忆与憧憬:上海市市东中学建校 90 周年文集[M].北京:中央民族大学出版社,2006:222.
4　本会第二年度经过情形报告书[J].华商纱厂联合会季刊,1920,1(3):6.
5　华商纱厂联合会会务日记.上海档案馆藏档案,档案号:S30-1-6-46.
6　会议纪载·议案[J].华商纱厂联合会季刊,1920,1(2):250.

科等，尽以学生为工徒，以纺织专家充技师，并附设铁工厂、翻砂厂焉，务期纺纱厂中需用人材，无不尽备"[1]，这是聂云台第一次提出详尽且全面的棉铁工业学校构想，是他在前期对实业与教育关系深入思考基础上形成的完善计划。在10月21日的董事会上，全体会董一致认可并同意聂云台的棉铁工业学校方案，推定刘柏森与穆藕初以聂云台提案为基础和框架，起草章程。在章程草定后，聂云台又进行了全面的修订，最终形成《棉铁工业学校计划书》，并将该计划书通函华商纱厂联合会各地会员，征求各会员单位意见。[2]

《棉铁工业学校计划书》集中体现了以聂云台为代表的中国棉纺界人士对于培植棉纺专业人才的整体构想与实践方向。聂云台在《棉铁工业学校计划书》中，对于学校的立校宗旨、机构体系、专业设置、教学内容等方面进行了详细的规划与合理的安排。棉铁工业学校明确规定"以工业为目的，以教育为方法"，将该校定位成培养工业人才的专门学校。学校开办经费假定为二十万两，"由各厂分任之"，学校设有一万锭纺纱厂和铁工厂及翻砂厂各一所，根据工种性质进行专业化训练，其中纺纱厂为各纺织企业培养不同技术层次的工人，铁工厂和翻砂厂"专为本校有关系各厂翻造修理各项机件，以其余力兼事营业"。具体计划如表1所示。

表 1　　　　　　　　　　　棉铁工业学校计划书

培养单位	培养等级				培养模式	费用	毕业去向
纺纱厂	工徒科	技手科	高等技手科	技师科	十三岁以上男学生，每日分四班，每班作工六小时，以其余暨授课三小时	工徒科、技手科、高等技手科不收学费，提供食宿，酌给零用费，技师科者酌收学费	各科毕业后，分别升级，或送各厂任相当之职务
铁工厂翻砂厂	工徒科	技手科			十五岁以上男学生，半日工作，半日授课	由厂提供食宿，酌收学费，至技术渐进，得酌给零用费	各科毕业后，分别升级或送各厂任相当之职务

资料来源：聂云台,穆藕初,刘柏森.本会棉铁工业学校计划书[J].华商纱厂联合会季刊,1920,1(2):2-3.

---

[1] 本会第二年度经过情形报告书[J].华商纱厂联合会季刊,1920,1(3):7.
[2] Chinese Cotton Mills Association[J].The North-China Herald and Supreme Court & Consular Gazette,1920-03-13:678;通告各场[J].华商纱厂联合会季刊,1920,1(3):321.

对于学生之来源，聂云台主张要从学生的实际困境出发，接受失学儿童或辍学的中学生，"入校后不需一切费用，而可以得切要之技能与稳固之职业"，在培养他们学习相应技能的同时解决他们的出路问题，展示了实业界对于社会责任的主动担当。聂云台非常注重对于学员的考核，"凡入本校各厂者，无论何级，每学年，均用能力试验法，分别试验，使质禀优异者，得相当超擢发展之机会，而中资之人，亦得循级渐进"，通过试验考核为不同资质的学员提供适合其发展的路径与空间。尤其值得一提的是，聂云台在训练学员技能的同时，强调重视公民教育与人格养成，"无论何科，悉予以充分之职业训练与公民教育，发展其自治能力，俾养成工业界有兴味的共同生活，同时为共和国之优良国民"[1]，即不仅要学习实业技术，还要关注学员的自治能力与团体意识，使他们在成为一名合格技术人员的同时，还要成为一位优秀的共和国公民。这种将职业训练与公民教育相提并论、有效融合的创设，突破了晚清以来实业教育着重于培养专门人才的狭仄认知，在当时的工业学校中非常少见。这反映了聂云台实业教育思想中将实业发展与社会责任相联系的理念。

此外，聂云台还计划在棉铁工业学校内附设一个整理部，由该校总技师董其事，"凡各新厂装置机件，及各旧厂机器损坏，或其出品不良而须改革者，可由本校派精良之技师，代为布置或整理之，取其相当之酬报"，试图通过整理部将学校技师与市场修配业务相联系，在办学的同时还能创收，"以营业所得，抵教育费，并公积之，以为扩充地步"，同时保障了会员工厂出现的技术故障得以及时处理，可谓一举三得。关于所设纺纱厂与铁工厂所用机器，聂云台提议"可分向英美制造厂商请赠送，或减价让与"。[2] 在1920年4月6日的华商纱厂联合会第三届第二次董事常会上，决议付权聂云台，请他在赴英美等国时，"向英美纺织机制造厂捐募或半价购买各项机器"。[3] 聂云台在第二次出洋考察时，亦确实与英美等机械制造厂商联系，游说他们为棉铁工业学校提供无偿或半价机器，以供教学之用。

---

1 聂云台,穆藕初,刘柏森.本会棉铁工业学校计划书[J].华商纱厂联合会季刊,1920,1(2):5.
2 聂云台,穆藕初,刘柏森.本会棉铁工业学校计划书[J].华商纱厂联合会季刊,1920,1(2):5.
3 会议纪载·议案[J].华商纱厂联合会季刊,1920,1(4):1.

聂云台提出的《棉铁工业学校计划书》一经公布，就引起了各界的高度关注，被时人誉为"最伟大之计划"和"最重要任务"，赞誉此计划"融学校工厂于一炉"，在传授技能知识的同时，还有利于工厂种种革新计划之实行，是"真为中国教育界与实业界开一新纪元矣"。[1] 然而令人遗憾的是，正在聂云台等华商纱厂联合会的领导人筹划创办棉铁工业学校时，因为第一次世界大战结束日美等国棉纱产品大量倾入中国市场，使得中国棉纱市场开始出现萧条衰败现象，"金融枯竭"，"借贷不继，浸浸乎有宣告破产之势焉"，"于是震铄一时之兴办纺织学校之计划，亦如昙花一现，不复有过问者矣"。[2] 在市场波动、纱市疲软的现实困境中，中国实业界第一次明确提出并计划进行的棉铁工业学校就此中道夭折。

倡议合办中英纺织染学校。在上海兴办纺织学校，不仅是中国实业界的愿望，在沪外国人亦十分关切此事，尤其是英国商人。战后英国欲加强与北京政府的联系以保障其在中国的各项特殊权益，遂决定退还中国庚款用以办理与英国有关系之教育事业。[3] 英国庚款的退还，使得在沪英人创办中英纺织学校的呼声高涨。英国商人不仅赴英大肆鼓吹，"广求各方赞助，寻蒙制造机械厂家允诺，捐助全国机械，以资实习"[4]，还积极与上海纺织界诸要人相协商。

1923 年 3 月 28 日，在沪英商祥兴洋行总理马赛尔邀请聂云台、穆藕初、荣宗敬等上海纺织界要人聚会，协商中英共同创办纺织染学校计划。其中，祥兴洋行英伦经理潘麦陈述了英方拟订的一套初步组织计划，建议由中英双方合组筹备建校委员会，共同进行，明确提出该校的设立主旨"为培植中国纺织界所需之有用人材"，招生对象主要有两类：一是"中学毕业而有志于学习纺织业之学理技术及新式棉织厂管理法者"；二是"在厂服务人员稍娴技术而愿抽余暇习机械运用之道及制造原理者"。该校主设课程为纺织、洗染、印花等技术科目，同时还拟设立"算术、机械图画、化学、工厂管理、佣工卫生诸要科"，师资"当雇多数有经验之教授及工程师"，实践操作所用之织机、漂白机、染机和印花机等设备，

---

1 本会与各公团欢送聂云台君赴欧美纪事[J].寰球中国学生会周刊,1920(30):2.
2 不可失哉！兴办上海纺织学校之时机[J].华商纱厂联合会季刊,1924,6(2):18.
3 关于英国退还庚款的过程及原因,参阅王树槐.庚子赔款.台北："中央"研究院近代史研究所,1985:426-458.
4 不可失哉！兴办上海纺织学校之时机[J].华商纱厂联合会季刊,1924,6(2):19.

由英国纺织机制造公会和纺织机制造商赠送，办校经费仰给于英方退还之庚子赔款，在款项未到之前，"中英各厂可暂时担任几个学生之学费"。[1] 如此一来，就解决了最重要的资金、设备、师资等问题，为中英合办之纺织染学校草创了基础。聂云台代表中国方面发表演说，高度赞扬了英方的建校计划，且正式声明"对于此举，极表同情，合作援助，惟力是视"[2]，表明愿与英方合作办理的意向。但是，中英双方随后因"董事人数及权限问题，争持不决"[3]，致没有结果。聂云台与英美在沪纺织界人士协商创立纺织学校，虽因经费和人事纠葛最终并未成功，但从侧面印证了中国独立创办纺织学校、培养纺织专业人才的艰难性与紧迫性。

强化留学生与实业界之联系。聂云台从学习西方先进知识与技术的角度出发，关注留学生归国后和实业界的密切联系。1922 年 5 月，聂云台鉴于中国赴国外学习工商各科留学生回国后，与国内实业界存在"扞格不入之虞，以致二者之间用非其材及材难于用者"，认为是由于双方"各自囿于环境，各行其是，情意不得而宣，痛苦不得而诉"产生隔膜，因此他与钱新之等工商界十六人发起成立工商留学生协会，以"专为联络新回国学生，免除隔阂，共同研究工商业之改良"为宗旨，吸纳留学归国者为成员，履行其沟通与强化留学生与中国实业界联系之职责。对于工商界而言，凡"欲延用工商科留学生者，可将职务、薪水及科目，函致本会，由本会择人才之相当者，介绍于工商界试用"；对于留学生而言，则"新毕业回国后愿入工商界办事者，得由本会酌量书函代为介绍"[4]，这样就起到了很好的沟通桥梁作用，不仅消除了留学生与实业界的隔阂，而且在某种程度上充当了职业介绍所的中介职能，使得留学生与工商业单位都可以有针对性地获得满足各自标准与要求的岗位和人才。

最后，聂云台实业教育的实践活动还体现在积极参与创办中华职业教育社与实业大学等教育机构。1917 年 5 月，"鉴于教育之不切实用"和"教育不与职业沟通"[5]，导致毕业学生学非所用、用非所学的现实困窘，聂云台、黄炎培与穆藕

1 中英合办纺织染学校之创议[J].国际公报,1923(22):世界公益 1-3.
2 中英合办纺织染学校之创议:续[N].申报,1923-03-30(13).
3 不可失哉！兴办上海纺织学校之时机[J].华商纱厂联合会季刊,1924,6(2):19.
4 工商留学生协会之发起[N].申报,1922-05-30(13).
5 中华职业教育社宣言书[J].东方杂志,1917,14(7):164.

初等上海商学两界知名人士发起成立中华职业教育社。该社成立之目的有三：推广职业教育；改良职业教育；改良普通教育，俾为适于生活之准备。具体从事的活动，包括调查社会百业供求之状况和职业教育之现状，研究职业教育各项事业，劝导政府与社会各界关注并兴办职业教育，通过讲演和出版杂志图书宣扬职业教育、设立职业学校、组织职业介绍部等，为中国职业教育的发展鼓吹发力和身体力行。[1] 聂云台与黄炎培、张元济等九人被推举为临时干事员[2]，负责创社初期工作。1918 年 9 月，中华职业教育社为创设职业学校成立募捐队，由朱庆澜任总队长，聂云台任副总队长[3]，积极开展募捐活动。同时，聂云台亦捐资不菲，获得教育总长颁发之金色三等褒章[4]，如 1919 年 7 月他向该社捐款一万二千银圆以创办女子职业学校。[5] 此外，聂云台还多次当选为中华职业教育社议事员[6]，积极参与该社活动，尽力帮扶职业教育的发展。

1919 年 11 月，朱葆三联合聂云台、宋汉章等上海商界名人发起组织中华实业大学，并推聂云台、穆藕初等人为上海筹备员，且通过《中华实业大学筹备会草章》，为中华实业大学的创办做好准备工作。[7]后来虽因故未能实现，但这并未动摇聂云台创办实业学校的信心。

1921 年 6 月，刚刚准备筹设中的东南大学与暨南大学在上海合组"上海商科大学委员会"为最高机关，推选聂云台、史量才、穆藕初等人担任委员会委员[8]，负责筹设上海商科大学的事务。聂云台等委员随即拟定《东南大学、暨南学校合立上海商科大学委员会简章》和上海商科大学章程，明确规定该校男女学生兼收，所有课程除必需用国文者外，其余悉用英文教授，采用学分制，预科及本科共学满一百三十学分，毕业后授学士学位。尤其是为了便于实业与教育沟通，特设介绍部，"意在使人材与事业各得相当之利"，凡该校毕业生皆可在该部报名，颇有

1　中华职业教育社章程[J].教育与职业,1917(1):1-3.
2　中华职业教育社开成立大会纪事:续[N].时报,1917-05-08(5).
3　职业教育社之大宴会[N].时报,1918-09-10(5).
4　中华职业教育社通讯[N].申报,1921-03-03(11).
5　中华职业教育社通讯[N].申报,1919-07-11(11).
6　职业教育社第三届年会再纪[N].申报,1920-05-31(10);中华职业教育社第六届大会纪[N].申报,1923-05-28(14);选举议事员结果[N].申报,1926-05-07(11).
7　中华实业大学筹备会[J].中国商业月报,1920(11):40-44.
8　上海商科大学进行消息[N].申报,1921-06-21(10);上海商科大学筹备消息[N].申报,1921-07-22(14).

职业介绍所的职能。该校教师皆系"国内商学专门人才"，专业学识渊博，课程设置除了文理等基础课目外，主要包括经济、银行理财、国际汇兑会计、保险、企业管理、机械学、心理学等，必修与选修兼备，体系完整，在当时的商业教育中独树一帜。[1] 1921 年 7 月，上海商科大学正式开始招生，并特设夜校若干班。[2] 9 月 28 日，上海商科大学正式开学。[3] 上海商科大学的组建与教学，为上海商界培养了很多商业实用人才。据 1923 年 9 月统计，仅是该校所办夜校在短短两年内前来就学者已达六百余人，且根据学生的职业构成与工作需求，适当调整教学内容，"注重实际应用之科学，以补助商店执业人员学识之不足，并增进其个人之地位"[4]，受到了广大商界人士的欢迎与认可。

结　语

聂云台实业教育思想的成形，既有家庭教育的熏染，也有出洋考察的启发，还有实业活动现实困境的刺激，是在多方因素的交互促动中萌发的。聂云台重视教育对于实业发展的重要作用，强调理论与实践相结合，提倡在人才培养中加强德育教育，注重对西方科技文化的学习和吸收，形成了自有特色的一套实业教育思想。聂云台的实业教育思想，是建立在丰富的工业实践基础之上的，是对当时学理性实业教育思想在内涵与外延上的扩展，不仅涵括了现代科学知识，还容纳了传统儒家道德规范，具有明显的过渡时期新旧相容、中西并存的特点。

聂云台对于实业教育的实践，并没有脱离实际，不是仅在规模、形式和学理上着力，而是根据具体情势选择多样化的培养路径，既有设立技术训练班进行初级人才之培训以应急需，也有捐地出资建立正规新式学校，在教学体系与培养模式方面侧重实践教学，为系统性人才的养成奠定基础。后来，更是依托华商纱厂联合会这一行业组织，拟定棉铁工业学校和中英纺织染学校，联合教育界人士发

---

[1] 东南大学、暨南学校合立上海商科大学委员会简章[J].中国与南洋,1921,2(4-5):4-7;上海商科大学章程摘要[N].申报,1921-08-04(15);上海商科大学章程摘要:续[N].申报,1921-08-05(15).

[2] 上海商科大学招生[N].申报,1921-07-25(6).

[3] 上海商科大学开学礼纪[N].申报,1921-09-29(14).

[4] 商科大学开办夜校[N].申报,1923-09-21(18).

起组织中华职业教育社与上海商科大学，虽因资金、人事等种种因素有些计划未能实现，但聂云台为培植中国实业人才、建立实业教育体系所做的探索与尝试，以及对实业教育中实践能力的培养、职业道德的培育等思考，时至今日，仍有其重要的历史参考价值。这在与他同时代的中国实业家里亦是颇具代表性。

从近代中国实业教育发展的趋势而言，聂云台的实业教育思想与同时代的张謇、穆藕初等人在本质上是一致的，是符合近代中国民族资本主义发展的总体趋向的，它深刻体现了民族实业家为发展资本主义工商业而变革传统教育、创设新式实业教育的普遍要求。[1] 聂云台实业教育思想在承袭晚清实业教育思想主体内容的同时，特别结合了丰富的生产一线经验和生动的欧美考察心得，对旧有思想有了一定的突破，集中体现在其重视理论与实践结合，引导学生加强车间实操训练，以及强调道德教育在实业教育中的重要地位，尤其是将实业训练与公民教育有效融合，突破了原有的实业教育仅培养专门人才的固有思维，已呈现社会教育的若干色彩，反映了实业发展与社会责任的联系愈加紧密的趋势。

---

[1] 田正平.中国教育史研究·近代分卷[M].上海:华东师范大学出版社,2009:502.

沪上北贾

——近代北欧商业群体与海派商业文化的形成

◎ 张东宁*

摘　要： 自近代上海开埠以来，欧美各国远洋贸易商人在华的活动中心由广州城外转移到了黄浦江滨。地处欧洲边缘的丹麦、瑞典、挪威等国继英、法、美主要国家之后，陆续与清政府签订通商条约，利用自身地缘与资源禀赋，对华开展电信、烟草、机械等产业门类的贸易。在数十年的商贸活动中，在沪北欧商贸从业者经历了由个人奋斗到群体行动、转口贸易到在地加工、本土企业到跨国公司的近代商业史发展过程，还与上海本地及周边地区的商业文化积极互动。就此，在近代海派商业文化的发展演进过程中，在沪北欧商业群体创造出具有北欧风格的独特表达，助力北欧各国文化与中国交相渐染，并成为改革开放以来中国与北欧经贸关系发展中可资相互借鉴、用于彼此维系的历史纽带。

关键词： 中外交通史　北欧来华群体　海派商业　产业经济

---

* 张东宁，复旦大学历史地理研究中心博士研究生，知识产权师，研究方向为历史人文地理、中外文明交流与文化互鉴等，电子邮箱：dnzhang22@m.fudan.edu.cn。

清政府与北欧国家通商条约的签订

（一）18 世纪北欧在华贸易活动

虽然在 17 世纪已有零星人物乘坐欧洲船只抵达中国，但北欧国家与中国成体系的贸易往来要属在 18 世纪开设的东印度公司。瑞典、丹麦两国分别于 1731 年、1732 年组建本国的东印度公司并委派贸易代表，在清政府允许外商开展贸易的广州城西郊沙面一带设立广州十三行中的瑞典行、丹麦行。两国商人与其他国家商人在特定季节经澳门引水溯珠江而上进行交易，其余时间则主要居住在澳门。

与西方其他各国类似，北欧商人需要通过其他方式赚取白银以购买中国的优势外销商品，而国内文化对于中国商品的风靡又进一步推升了购买需求。丹麦东印度公司在印度北达罗毗荼的塔兰甘巴迪设置贸易中转站，瑞典东印度公司则通过西班牙加迪斯港筹集白银。在持续的贸易逆差和亏损，以及逐渐失却全球海洋贸易优势中，二者均无以为继。瑞典东印度公司于 1813 年解散，而丹麦东印度公司于 1833 年停止了其殖民与贸易活动，1845 年将其对华贸易中转站塔兰甘巴迪一并售予英国。

虽然代表北欧地区贸易努力的瑞典与丹麦的东印度公司贸易并没有取得巨大的商业化成功，但在斯堪的纳维亚半岛、丹麦海峡与波罗的海沿岸等地区通过商品交流，也使当地居民了解到一些具有中国文化的器物、图样以及背后对于这个东方国度的想象。一些东印度公司贸易代表因常年旅居海外而未能组建家庭，将其身后相当数量的资产回馈乡土，也在诸如哥本哈根、哥德堡、林雪平等贸易重镇中激发了探索东方的热忱。例如，瑞典东印度公司驻华代表龙思泰 1824 年捐资建造龙思泰高级中学，运营至今已 200 年整。[1]

(二) 通商条约签订与以上海为中心的商贸网络形成

两次鸦片战争使得中国被迫扩大了对于外部市场的开放，在中止对华贸易三十多年之后，清政府与瑞典-挪威联邦于 1847 年签订了《广州和约》[2]，允诺五口

1　哈里·赫贝里.龙思泰和来自中国的信[J].王梦达,译.澳门基金会,2015(4):1-2.
2　1814 年,丹麦战败,割让挪威给瑞典,瑞典进而组建瑞典-挪威联邦,《广州和约》实系瑞典语 Fördraget i Kanton 直译而来,也称《〈五口通商章程〉并〈海关税则〉》,可参见王铁崖.中外旧约章汇编:第一册[M].北京:生活·新知·读书三联书店,1957:71.

通商并约定领事裁判权等诸多特权。随着与各个通商口岸航线的建立，上海作为五个通商口岸的最北端，与日本 1854 年《日美亲善条约》、1858 年《安政条约》所被迫开放的长崎、神户、横滨等港口距离最近，逐渐以其地理位置而成为整个东亚地区的贸易枢纽。

1863 年清政府与丹麦签订《中丹天津条约》，在五口通商之外增加了华北沿海的营口、天津、芝罘，华南沿海的汕头、淡水、台湾府、琼州，以及长江沿岸的南京、镇江、九江、汉口。因蒸汽船技术发展所提高的内河航运能力进一步强化了上海位于江海四方之中的门户地位，长江腹地的巨大市场也由于更多口岸的开放而被愈加重视。

随着英租界、法租界和美租界的形成与范围不断延伸，上海的生活环境进一步便利，使得上海进一步成为各国商人在华乃至整个东亚商贸活动的重心。瑞典、丹麦等国的领事馆设立于此，以保护在沪本国国民的权利，并就本国国民的犯罪行为予以领事审判。

北欧商人在沪从事的特色行业

在当今全球化市场分工中，北欧国家的高纯度冶金、精细化工、矿业森林机械、电信电子等产业门类较具特色。其中，相当数量的产业发轫于其本国的资源禀赋，发展脉络可以追溯到 18—19 世纪，这个发展过程与全球化市场的形成和建立相呼应。

（一）电报业

1843 年，塞缪尔·摩尔斯主持建设的华盛顿到巴尔的摩 64.4 千米电报线路正式应用。这一在新大陆投入使用的技术，逐渐向欧亚大陆铺开。由于军事、国防等要素考虑，不同国家之间的电报线路接通难以由某一国家单方面主导，试图在他国设置电报线更是会受到中央和地方的坚决抵制。俄国驻华公使在 1862 年提议修造天津到北京的电报线路，被清政府驳回。1865 年英国利富洋行擅自修筑从川沙到上海的电报线，被当地官员组织百姓予以拔除。

1866 年，由开尔文勋爵主导的横跨大西洋海底电缆铺设完成，标志着跨洲远程电报输送技术可行。电报带来的巨大军事与商业利益就在眼前，全球性的电报网蓝图逐渐展开。英国计划修造由本土经直布罗陀、苏伊士、孟买、新加坡到香港的海底电报线路。俄国则计划修造西伯利亚陆上电报线路并延伸到中国，以巩固远东利益。鉴于英国、俄国此前在华修筑电报线路的尝试都未能如愿，二者如希望在东亚交汇成网，就迫切需要第三方势力来协调参与。

丹麦在地理位置上处于英国本土与俄罗斯欧洲部分之间。此时，丹麦王室与英国王室、俄国王室均为姻亲关系：丹麦公主亚历山德拉 1863 年嫁予英国女王维多利亚二世长子阿尔伯特，亚历山德拉之妹德格玛 1866 年嫁予俄国王子亚历山大。1869 年，丹麦大北电报公司合并数家线路途经多国的电报公司，并宣告成立，由曾受雇于法国 1866 年朝鲜远征队、有过在东亚海洋活动和环球航行经验的丹麦海军部长助理爱德华·史温生担任总经理。

在英国公使威妥玛等人针对清政府不熟悉海底电缆这一新生事物以及对领海权忽视等情况的外交操作下[1]，爱德华·史温生主持大北公司的建设队伍，借助丹

曾悬挂丹麦国旗的大北公司总部　　　　现泰国盘谷银行

上海外滩 7 号

---

[1] 威妥玛于 1870 年 4 月致信恭亲王奕䜣："此次所商，系由沿海水底暗设，不过仅有线端一头在通商口岸洋房屋内安放，与从前所论迥不相同，谅贵亲王自必洞彻此理，抑思线端若非必须上岸，此事始终可以毋庸置议，惟因沿海洋商盖房居住之地，虽系承租，究系贵国内地，未经达明贵亲王，不便即准遽行安置。"

麦战争暨海军大臣、曾作为丹麦驻华盛顿公使参与1863年《中丹天津条约》谈判的瓦尔德马·拉斯勒弗所提供的"雷顿"号供应舰，从香港将电报电缆铺设到上海外海50千米的大戢山岛。在没有与清政府办妥登陆手续的情况下，史温生秘密与法国当局协议，组织施工队于1870年12月8日将电线秘密从黄浦江上陆外滩[1]。经此一例，电报线路架杆如雨后春笋般在中国各地被拉起，电报业务发展"万莫能禁"，这也令清政府开始重视电报业务，从而在客观上促进了中国官办电信事业的发展。

（二）烟草业

就职于在华扩张业务的丹麦大北电报公司的北欧籍雇员中，有一部分后来成为各种行业在上海的代表人物。例如，丹麦人劳里茨·安德森与烟草业。安德森出生于1849年，在他孩提时代，丹麦童话家安徒生的创作正处于鼎盛期。丹麦小孩对于含有中国元素的童话（如《夜莺》）可能比较熟悉，这也是召唤他们长大后成为"前往中国者"（kinafarer）的动因之一。安德森孩提时代曾在去理发店的路上碰到安徒生，顽皮的他还当街向作者本人大声喊出安徒生童话中的名句，吓得他母亲赶紧拽住了他的头发。[2]

虽然有这样的轶事，然而早年丧父、家境贫寒的安德森很早就挑起了生活的重担，他14岁就去机械厂当了学徒。起初，做学徒工只能拿到非常微薄的收入[3]，21岁时，他在苏格兰格拉斯哥的造船厂工作，周薪提高到了21先令。1870年，怀着"我绝不会再回丹麦成为别人的笑柄"的决心，安德森作为高级船员乘坐其刚参与造好的"沙捞越先生"号前往了亚洲。

在东方，安德森顶替意外去世的一名丹麦同胞，在大北电报公司铺设海底电缆期间作为电缆工和工程师在沪港之间的海上工作。他还一度在香港干月薪75美

---

[1]　白慕申.马易尔：一位丹麦实业家在中国[M].林桦,译.上海：上海书店出版社,2007:26.

[2]　Olaf Linck, En Dansker I Østen. Laurits Andersen's Livs Eventyr[M].København: Gyldendalske Boghhandel,1927:25. 另见白慕申.马易尔：一位丹麦实业家在中国[M].林桦,译.上海：上海书店出版社，2007:12.

[3]　"安德森每周工作66小时，主管看他健硕常让他去驳船上卸载矿砂搬到工厂里，一个星期他只能拿到1个银币和3个马克的起薪，这在19世纪60年代只能买5磅培根或者2.5磅咖啡。"引自何铭生.劳里茨·安德森：中国通、企业家和赞助者[M].蒋芳芳,周丰,译.上海：上海社会科学院出版社，2023:11. 这家工厂一度是丹麦、瑞典、挪威等国大报社的印刷机供应商，安德森对于造纸机械工业的学习，可能有助于后来其在烟草业特别是卷烟纸生产业取得成功。

元的引水员。经过很长一段时间的东亚海上漂泊，1875 年安德森选择落地长居中国，受北洋水师雇用，他在大沽口任职工程师，因参与设计修筑干船坞而获得双龙宝星勋章。他还在天津干起了洋货进口买卖，虽然顾客大多是旅居中国的外国人，但也有越来越多的中国人对"洋货产生了兴趣……包括果酱、盐、胡椒、奶酪、糖粉、油、醋、调味酱、面粉、白兰地、葡萄干、威士忌、香槟、雪利酒，以及苏打水"[1]。

作为南美作物的烟草，从 15 世纪"哥伦布大交换"开始风靡世界。中国自明代开始抽水烟、旱烟。而卷烟由于携带方便、易于分拆而受到欧美吸烟者特别是航海人群的欢迎。香烟制造一度是高度的劳动密集型产业，熟练工人每小时能卷 200～300 支。1890 年，多年从事转口贸易的安德森发现一款美国最新发明的彭萨克卷烟机器，三个人简单培训后操作，每天可以生产 12 000 支。[2] 劳动生产率的提高将极大地有助于扩展卷烟的在华市场，于是，安德森与专利拥有者理查德·H. 怀特达成协议，获得了除香港以外中国所有地区的专营权，致力于投入卷烟机器的代理与上海本地的卷烟生产以及发售工作。

跨大西洋之间的信息联通，加快了跨国、跨大洲贸易的节奏。19 世纪末 20 世纪初英国帝国烟草公司与美国烟草公司两大巨头针锋相对，直至 1902 年二者形成联合经营，除不列颠岛、美国和古巴外的全球市场均由二者共同持股的英美烟草公司经营。1903 年，安德森出任英美烟草公司驻华总代理。虽然已成巨富，但"勤俭节约是安德森那一代人最看中的品质。所以，后来即使安德森富有了，他买东西的时候还是会有意识地选择便宜一点的商品"[3]。

就这样，商海浮沉而简朴一生。劳里茨·安德森早年出海，一生没有结婚。1926 年，其身后遗产的一大部分（约合 92 万丹麦克朗）依本人嘱托捐献给丹麦国

---

[1] 何铭生.劳里茨·安德森:中国通、企业家和赞助者[M].蒋芳芳,周丰,译.上海:上海社会科学院出版社,2023:49.

[2] 何铭生.劳里茨·安德森:中国通、企业家和赞助者[M].蒋芳芳,周丰,译.上海:上海社会科学院出版社,2023:51.转引自 US Bereau of Corporations.Report of Corporations on the Tobacco Industry, Part I[R].Washington DC:Government Printing Office,1909:63.

[3] 何铭生.劳里茨·安德森:中国通、企业家和赞助者[M].蒋芳芳,周丰,译.上海:上海社会科学院出版社,2023:164.

家博物馆，这在整个丹麦引起了轰动[1]。丹麦《政治报》在其逝世时评价："这位勤勤恳恳、富有抱负、脚踏实地的老人，早年就已经离开了他的祖国，而今他远在他乡，带着辉煌，却仍满怀憧憬地驻足回望。"[2]

（三）电气工业

1879 年出生于丹麦商人家庭的伟贺慕·马易尔，早年受雇于丹麦开展对华贸易的宝隆洋行。1902 年刚到上海时，他与朋友目睹了一名外国年轻人迷失于上海的花花世界。外国长相的年轻人，只需签名就可以在酒店享用大餐和乘坐汽车往返住处，每年特定时间统一结算，如有不敷开支者，欠账人会向其就职的公司发起索要。[3] 许多人在唾手可得的生活品质诱惑中失掉了工作，被迫遣返或流浪。月薪 15 元的马易尔认识到，唯有自身俭省、不被外物所迷，才能仿效劳里茨·安德森等成功者在纸醉金迷的上海积累起丰厚身家，并铺就成功的道路。

1905 年，马易尔离开宝隆洋行，与友人合伙成立了慎昌洋行。1909 年，马易尔同吉斯腾·白慕申结婚。吉斯腾的伯父威廉·白慕申，曾是大北公司电报线夜间上岸行动队的一员。[4] 在经营慎昌洋行期间，马易尔代理美国通用电气公司的"奇异牌"电器（GE，与上海话"奇异"发音颇似）。现今上海杨浦滨江 85 街坊的前身即慎昌洋行中国分部，占地面积 26 亩的慎昌工厂，厂房主体建筑高处镌有慎昌商标和 GE 商标，如今依然清晰可辨。伟贺慕·马易尔还一度担任丹麦驻上海副领事的兼职职务。[5]

---

[1] 何铭生.劳里茨·安德森:中国通、企业家和赞助者[M].蒋芳芳,周丰,译.上海:上海社会科学院出版社,2023:147.

[2] 何铭生.劳里茨·安德森:中国通、企业家和赞助者[M].蒋芳芳,周丰,译.上海:上海社会科学院出版社,2023:159.转引自Lauritz Andersen i Shanghai død![N].Politiken(丹麦《政治报》),1928-04-17:3.

[3] 一名丹麦大北公司电报员记载:"上海对没有经过锤炼的心灵来说,是一个十分难对付的城市。烈酒、淡酒和啤酒都是免税进口的。大家从不付现金,而是'记账'。一切生意买卖都是这样,买珠宝首饰、买烟卷、做衣服、做鞋、上馆子,等等,无不如此。公司买办代为把这许多大大小小的账单都付清,在发薪水的那天把一沓账单递到'罪人'跟前……被派到上海的年轻欧洲人,如果不能付清欠账,就会有很大的麻烦,有被遣送回老家的危险。"引自白慕申.马易尔:一位丹麦实业家在中国[M].林桦,译.上海:上海书店出版社,2007:61-62.

[4] 白慕申.马易尔:一位丹麦实业家在中国[M].林桦,译.上海:上海书店出版社,2007:28.

[5] 任命商人作为驻上海名誉副领事始于马易尔。他在 1905 年送达哥本哈根副领事的自荐信中写道:"我谨奉告,我极为熟悉此间的外国商人,同时在经营日常中有机会观察中国的市场发展情形。我认为,有时我能帮助领事馆获得商业信息,此类信息有助于支持年轻丹麦人在此间寻找就业机会。"引自白慕申.马易尔:一位丹麦实业家在中国[M].林桦,译.上海:上海书店出版社,2007:85.

慎昌洋行参与了一些 20 世纪初中国各地工业化项目，马易尔及其家庭成员于 1915 年搬迁至北京，租下靠近紫禁城东墙的大阮府胡同四合院。这里曾是大北公司的丹麦员工宿舍，马易尔夫妇搬入后被称为"丹麦之家"（Denmark Pavilion）。在上海和北京，马易尔都记录了丹麦社群活动。上海的丹麦群体定期组织"丹麦传统服饰日"等丰富多彩的社会文化活动。在繁忙的政治与外交往来之余，一些有丹麦特色的文化活动也时常在北京上演，如丹麦演员约翰内斯·保尔森就曾在 1915 年 6 月的一个晚上，在"丹麦之家"演唱丹麦歌曲，给听众讲述安徒生的童话《碎布头》。[1]

（四）火柴业

以诺贝尔等人物为主要代表的近代瑞典化学工业蓬勃发展。1844 年瑞典科学家古斯塔夫·埃里克·帕施申请了只能在盒外红磷条上擦燃的火柴专利。发明家约翰·隆德斯特伦在瑞典中部城市延雪平的一间实验室中改良了帕施的红磷火柴技术，该生产工艺于 1855 年巴黎世界博览会获奖。瑞典丰富的森林资源与机械加工的技术经验相结合，使火柴的机械化生产随即实现。

19 世纪后期，火柴随着国际贸易线路流入中国，百姓呼之为"洋火"。第一次世界大战期间，瑞典火柴大亨伊凡·克鲁格利用其早年在美国芝加哥等城市建筑公司所学习的现代商业管理经验，大力振兴其家族火柴企业，并在全世界开设分公司。1915 年在上海成立的瑞中洋行，专营火柴进口业务，在中国各地倾销欧洲生产的火柴。克鲁格的火柴企业利用从包括上海在内的全世界分支机构获取的利润，收购了包括延雪平火柴厂在内的瑞典国内诸多火柴企业，整合为瑞典火柴公司 STAB，成为世界最大的火柴生产商。借着第一次世界大战结束后的世界范围重建热潮，拥有大笔资金的 STAB 通过金融借款等方式，寻求在各国的火柴专卖权利。

反映近代上海商业社会的小说《子夜》叙述了当时的情景：被并购的日资火柴企业放出风声，称"瑞典商瑞中火柴公司借款予我国，以瑞典火柴在华专利若干年为借款条件"等语，国内火柴行商业公会向总公会呈文："瑞典火柴托辣斯以压倒吾国土造火柴之时机已至，遂利用舶来火柴进口税轻，源源贬价运来。惟吾国土造火柴商人，资本微薄，难敌财雄势大横霸全球之瑞典火柴托辣斯，因而

---

[1] 白慕申.马易尔：一位丹麦实业家在中国[M].林桦,译.上海：上海书店出版社,2007:143.

吾国火柴业相继倒闭者，几达十分之五有奇！"[1] 由此，引出了之后中国、瑞典、日本等各国商人在上海的商战故事。

除上述电信、烟草、电气、火柴等产业外，还有瑞典、芬兰开办的船运业公司，瑞典建筑师事务所，挪威与美国合资的冷冻食品厂商等，北欧商人参与运营的商业项目在近代的上海十分活跃，并且将中国文化元素带到北欧国家的重要城市，如于 1928 年竣工的瑞典建筑师阿尔宾·斯塔克设计的位于斯德哥尔摩皇家歌剧院斜对面的中国剧院。[2]

1949 年后，我国先后与瑞典、丹麦、芬兰、挪威建立平等友好的外交关系。在周恩来总理与各国代表开展的建交谈判中，最优先讨论的商业领域问题即为恢复中国与北欧之间的船运贸易。而改革开放特别是上海浦东开发开放后，最早回到上海从事商业活动的北欧商业群体中，其祖辈曾在上海耕耘打拼的也继有其人。

北欧商业群体与海派商业文化

"海纳百川"是海派文化的主要特征之一。在近代史中，贾于沪上和其他中国城市的北欧商业群体作为汇聚起海派商业文化的一部分，虽然在欧美外来人口中绝对占比不高，但在一些特定地区、特定产业带来了独特的地域文化精神。这些发源于欧陆的北国，难以用其他语言来概括其文化特征，但它可能与海派商业文化有所交融，故撷其二三加以比较互鉴。

（一）"kommun"作为社群而栖居

在斯堪的纳维亚语言中，"社区"（kommun）一词狭义上是指各国历史及现代的一级行政区。例如，经现代行政区改革后，丹麦有 98 个，挪威有 356 个，芬兰有 320 个，瑞典有 290 个，这可以大致反映欧洲大陆北欧国家的领土体量。斯堪的纳维亚语言"社区"一词，其拉丁语词根有"共同的、普遍的、共享的、相一致的"等更丰

[1] 茅盾.子夜[M].北京:人民文学出版社,1960:400-401.
[2] [瑞典] Lennart Forslund 等.在斯德哥尔摩的剧院 1910—1970:第 2 卷·剧目[M].瑞典于默奥:默奥大学内部资料,1982:18.Open Access http://umu.diva-portal.org/smash/get/diva2: 692286.Open Access http://umu.diva-portal.org/smash/get/diva2: 692286.

富的含义，又延伸为"社群、公共空间"等概念，指代"民主、代表共同情感"等延伸义。在丹麦与瑞典甫一开展对华贸易的18世纪早期，其驻澳门、广州等地的商人群体数量不能构成一个社区，不愿选择跨国组建家庭者往往会如龙思泰那样孤独终老。

19世纪中叶后，随着商贸、外交、宗教群体的数量扩大，特别是女性开始参与跨大洲旅行，北欧式的传统家庭在亚欧大陆的另一端被组建，进而在上海等地汇聚成类似于传统北欧市镇的社区，在礼拜日或其他时间以丹麦、瑞典路德宗教堂为场所，参加者分享在华生活的经验，交流政治、商业、家常、絮语等信息，如马易尔所记载的20世纪初一年一度的传统北欧服装庆祝活动。此外，异国他乡的婚丧嫁娶等人生大事也借助北欧式社区的公共空间展开。如今，位于上海的北欧各国商会也会组织其成员定期参加此类社区活动。在上海市区大大小小的北欧风格餐厅、咖啡馆、酒吧等商业活动的场所，可以不定期地看到北欧风格的聚会，轻松又略带沉静，给参与者和途经者以身处北欧僻静城镇的感觉。

（二）"hygge"对于恬静环境的追求

如果说，kommun是北欧社群外在组成形式的文化表达，那么，其内核则可以用"hygge"（恬静舒适）来描述。北欧位处高纬度地理位置，因而冬季漫长、黑暗。挪威和丹麦人用hygge来描述这种恶劣气候条件中的一种舒适而温馨的生活方式。hygge的体现形式不一，在近代上海北欧旅居者的描述中，可以是享受一顿由上文提及的马易尔的夫人吉斯腾·白慕申女士亲手制作的热特兰风格家乡饭菜，可以是与朋友围炉而坐度过一个温暖的夜晚，也可以是在梅雨季节手捧中国茶看着洋行办公室的窗外。这样的hygge情景多以内部空间为场景，因此照明、软毯等舒适的室内装饰元素不可或缺，也是北欧设计风格的思想源泉。

虽然hygge强调的是创造一种亲密无间的氛围，让人感觉放松、安心，并且珍惜当下的美好时光，但当时在上海的北欧商人家庭，至少是其女性配偶与子女，未必要与家中的顶梁柱一起苦中作乐。在北欧人不适应的上海夏季，妇女和孩子会在学校放假后前往中国或东北亚的城乡避暑，近则去莫干山、庐山，远则到青岛、威海卫、北戴河，有时会去日本的度夏胜地轻井泽等处。这从另一方面增加了这些地方与世界贸易网络之间的联系，把hygge基调带到更多的地方。长此以往，hygge理念将逐渐超出北欧当地及在外社群的范围，演化为全球性的以个体为本位追求生活质量和幸福感受的思想潮流，并有利于商业文化的繁荣。

（三）"janteloven"北欧社会的共通法则

被翻译为"詹特法则"的"janteloven"在北欧社会已成为一种共通的价值。这种社会准则，描述了个人不应该认为自己比 kommun 中其他人更好的思想倾向，反映了谦逊和平等主义的文化特征，最早由丹麦裔挪威作家阿克塞尔·桑德莫于 1933 年出版的小说《逐迹潜逃》（*En flyktning krysser sitt spor*）中提出。在詹特这个虚构的城市中，没有人认为自己更独特、聪明、博学、重要、擅长做事，不能嘲笑不这么认为的人，同时不在乎别人是否在乎自己，也不会教给或被教给别人任何东西。

这一系列强调人与人之间平等的法则，虽然看起来比较苛刻，并且与当前西方一些社会带有功利主义色彩、以增加资本本身为目的、累积个人资本为责任的资本主义精神，以及为奉行这一资本主义企业家精神提供心理驱动力和道德能量的基督新教禁欲主义伦理不相适应，但是，詹特法则这种致力于社会平等的价值观是北欧国家试图完善的后现代社会结构，janteloven 与"满招损，谦得益""人之过在好为人师"等东方智慧不谋而合，在强调实现共同富裕理念的当代，可以帮助思考现代社会兴起所带来的一些问题。

结　语

总的来看，近代史所记录的在沪北欧商业群体是华洋杂处的上海发展史中的浪花一朵。其人数虽然较少，但所从事的岗位有一定的技术专业性，深耕于电信、机械、消费品等领域的小众产业。与当时在上海奢靡放纵、盛气凌人的一些西方商人不同，本文所述的几位具有代表性的北欧商人对于生活的态度较为克制简朴，对可把握的商业机会则不吝于慷慨投资。一些北欧商人远赴上海行商，终生未组建家庭，其积累的丰厚身家捐赠回故乡，在瑞典、丹麦等国教育文化的现代化进程中发挥了作用。

在上海从传统到现代的转型过程中，由于大量新事物、新科技的涌入，在文化理念、商业形式、组织制度等因素上不断演变。北欧商人置身沪上，把别具北欧风格的经济思想与文化交融于海派商业文化的发展中，留下了一些有形与非物质的历史印记。

02

产业研究

金任群

近三十年消费产业链的演变史

近三十年消费产业链的演变史

◎ 金任群*

摘　要：消费产业链的基本结构由 4 个链环构成：生产商（品牌商）、零售商、物流商和消费者。消费的发展、企业的兴衰，实际上是产业链结构演变的结果，企业与个人在大多数情况下的努力只是适逢其时，这就是所谓的时势造英雄。本文基于结构分析视角，从历史沿革的角度勾勒近三十年消费行业生态的演化过程，避免陷入简单地总结商业成功经验的"幸存者偏差"，也避免陷入机械地吸取商业失败教训，被"概率性事件"所摆布。

关键词：消费产业链　线上零售商　物流商　瓶颈与扭曲　未来展望

20 世纪 90 年代初以后，我国的消费产业链经历了几波迭代升级。消费产业链的演化和各种新旧零售的革命，可以视为 4 个链环彼此关系的调整，其背后则是消费产业链的效率提升，这种提升既可以是整体效率的提升，也可以是局部效率的提升。

马云先生说，中国快递是个奇迹。按照统计学的理解，"奇迹"就是一件极

---

* 金任群，中通快递股份有限公司（NYSE：ZTO）副总裁、中通研究院院长，拥有 30 年快递行业从业经验，曾负责集团的信息技术、服务与支持、市场营销、国际快递等多项经营业务，中通航空筹备项目组负责人，电子邮箱：jrq@zto.com。

小概率的事件发生了。如果没有这个奇迹，那么中国线上零售又会怎样？零售商与物流商两者应该是怎样的关系？

计划经济：生产商作为链主的时代

计划经济年代，一方面，商品短缺、供不应求，紧俏商品需配额，优质商品要人情，故此，在消费产业链中，生产商是链主，占优势地位；另一方面，商品流通按照行政区域划分进行管理，商品以省、地、县层层往下批发的模式流通。

那时，省级单位承担重要的商品流通，负责省内各项商业活动的开展。改革开放前，是省供销社、省粮食局等；改革开放后，则是省粮油公司、省纺织品公司、省进出口公司等。当本省内部不能自给自足时，就涉及商品在全国范围流通，就要参加每年年初在北京举办的各类订货会。在订货会上签约完成后，各家厂商回去生产商品，接下来轮到物流问题。当时，铁路是主要物流商，车皮需要人情交易，因此又称"铁老大"。

商品都是先到省城，最紧俏的商品早被"计划"分配，相对优质的商品只在省城的第一百货公司售卖。地县级的需求，只能由"本省制造"凑合，实在没有就只好"新三年旧三年，缝缝补补又三年"。

20世纪90年代线下零售商的崛起

改革开放后，随着商品供给能力的提升，消费产业链开始发生变化：先是生产商作为链主的地位动摇了，之后就是线下零售商的崛起。

首先，生产商失去了链主地位，商品出现品牌化。1985年"海尔砸冰箱"事件就是品牌化的典型案例，厂家开始注重商品质量，维护产品的优质形象，树立企业的公共信誉。于是，生产商变为品牌商。

其次，线下零售商崛起。"国美"和"苏宁"的出现，是零售商革命性的颠覆，它们直接从厂家拿货，又把店开到消费者的家门口，实现供应链的"短径"，在所有覆盖到的地区，人民群众都能享受到以前计划经济时代只在省城甚至只在北上广才有的购物机会和条件。这实际上就是打破了计划经济框架下的行政区域划分管理，以及与之配套的商品流通体系模式的限制和约束。相对于供应链上"水平"的层层批发铺货模式而言，我们将其称为"垂直"供应链的击穿。在日用品方面，1996年麦德龙在上海开业代表着另一场革命，这次是品类聚合的革命，各专业批发市场的商品品类都在此汇集。这两种模式都是以零售商为主导的计划性采购和批零兼顾的现代零售代表，新模式的出现严重冲击了百货商店的生存价值，迫使百货公司在品类上进行避让和调整，同时还在相当程度上挑战了商圈的地位。

从消费者角度看，此时似乎一切并没有什么变化，依然是人到店。只是相对于百货商店而言，仓储式零售的可选择空间更大、价格更亲民。随着竞争越发激烈，零售商揽客的主要手法是扩大销售半径，于是，路上行驶着大卖场的免费班车。

供应链的基本原理就是供给的路径越短，资源相对就越集中、越丰富。北上广本身就是超省会城市的待遇，供给自然丰富。而改革开放后，虽然逐步摆脱了商品的短缺，但原有行政限制按照省、地、县层层往下批发的模式逐步走到尽头，其流通成本也非常高。于是，看一个城市的发达程度可以用一个直观的评估量化标准，即当地居民的穿着比北上广一线大城市落后了几年。

2000年前后线上零售、电视购物与落地配的出现

时代在发展。基于互联网的普及，在20世纪末，线上零售模式开始引入中国。首家企业是8848，其后是当当和卓越，再后来是凡客和京东，这就是如今所说的B2C模式。从供应链角度讲，就是这些互联网B2C零售企业相对于国美和苏宁的城市配送而言，不但品类更丰富，而且物流服务的半径更大，但是，在"仓干配"

的结构中，仍是以仓为中心向外的辐射模式。

与之相伴，落地配的物流模式发展也经历了三个重要历史阶段。第一个阶段是初创时期。8848 的创始人王峻涛曾言，中国电子商务有三座大山——流量、支付和物流。在 20 世纪末互联网刚刚兴起时，消费者对网购的认知有限，当时有一个 72 小时不出门的实验，影响非常大，这对电子商务的宣传和推广起到了极大的推动作用。此时，支付问题则陷入了尴尬的境地，不是没有线上支付工具，而是信任问题，用户拒绝先支付后收货，于是电商必须主动让渡权力给用户，那只能是货到付款，而这个方案大大增加了物流的实施难度。

第二阶段是发展阶段。在电视购物的风口下，"落地配"企业迎来了黄金发展期。电视购物的导购巧舌如簧，28 元成本的商品往往可以卖到 1 280 元，并且购物对象是缺乏现实场景购物条件的农村和偏远城市消费者。因为有如此高的利润，物流才可以不考虑价格只要求速度。电商的包裹成了落地配企业的铺底货，以维持日常的基础开销，而利润则是来自电视购物。正是如此，服务的半径开始大幅度扩展，很多城市实现了全境覆盖。而服务半径的扩大，反过来又促成了电商企业可销售范围的扩大，于是形成了 B2C 电商的第一次大发展。用量级指标来表述，2010 年前后北上广日配送能力达到了 5 万单。

第三阶段是巅峰时刻。2011 年 1 月 19 日起，阿里开设了"良无限"和"淘宝特卖"频道，"聚划算"也来助阵，"仓干配"如火如荼地开展，"落地配"的标准是全省覆盖，北上广的日单量突破 10 万。但是，到了 2012 年底就戛然而止了，因为全国 100 万～200 万落地配的总量供给对于阿里来说实在是杯水车薪，于是不得不回归与"通达系快递"的合作。而整个事件的最大受益者是唯品会，因为它的爆款零售快销模式没有库存积压，使其在 B2C 供应链体系中回避了占据电商资金最多的"仓"环节，而"仓干配"停摆后"落地配"的富余产能又基本为其所用，于是 2013 年唯品会的业绩开始狂飙。此外，一些企业也受益了，只是程度比较小，具体从当当等企业当时的股价走势可见。

最后，落地配的命运是被各条战线的大佬收购，如唯品会、顺丰和阿里，阿里收购的目的主要是配套其自营的猫超业务，从此落地配公司淡出了大众视野。

在落地配发展的初期，作为上游的电商企业一直对物流有不切实际的幻想，因为产品本身没有差异化，所以希望通过物流的差异化来笼络消费者，最早的实践者是被苏宁收购的红孩子。徐沛欣认为，"自建物流体系为红孩子带来了明显的竞争优势。"陈年表示，"自建物流是凡客核心竞争力的一部分。"

淘宝与通达的巅峰时刻

21世纪初，在消费产业链的4个链环中，零售商进一步崛起，表现为线上零售平台（淘宝）成了新的链主、电商物流（通达系）迎来大爆发。

淘宝登上线上零售商的巅峰，有两个重要的条件。

第一，中国作为世界工厂的独特产业结构——弥散式（任意地点的发件需求和任意地点的收货需求形成的弥漫式）的乡镇生产。为什么美国的B2C亚马孙（Amazon）要优于C2C的易贝（eBay），而中国却相反，无论是阿里、京东还是拼多多，都是C2C模式，其原因是由两个国家的产业结构差异造成的。美国是一个商品输入型国家，集装箱运到岸后就集中仓储进行售卖，而中国是世界制造工厂，每个乡镇都在生产商品，比如，全球80%的圆珠笔产自快递之乡桐庐。因此，易趣中国和阿里巴巴上线时，不是卖二手货的"C"，而是订单不足、产能过剩的作坊企业（b）。"淘宝"这个名字的本意是希望学易趣做二手货，没想到无心插柳柳成荫。中国实际上没有一般意义的C2C，都是弥漫式的"b2C"。

第二，通达系快递的物流结构——网络覆盖全国的C2C物流模式。"通达"独创了分布式分拨体系，并形成一张网状结构的快递运营体系，正是这样的结构才能支持整个体系在过去十年实现了200~300倍的增长。目前的物流能力，不考虑港澳台地区，全国除了新疆、西藏、海南、东三省外的任意地点的货物发出，次日就可覆盖周边500千米的范围，加一天就能覆盖周边2 000千米的区域。举个例子，全球物流人士"朝圣之地"联邦快递的全球分拨中心孟菲斯，也不过是中通快递广州分拨中心的规模。美国式单中心方式严重抑制了自身体系的增长空间，可以肯定地说，美国的物流企业如果不进行运营体系的改革，美国线上零售的未来是没有前途的。

当淘宝开始崛起时，通达已经是真正意义上的全国性网络，淘宝的弥漫式需求与通达的网络正好完全耦合，一拍即合，一发而不可收拾。2006年，淘宝全网只有6万~7万订单，三通一达每家每天不过10万~20万包裹；而如今，阿里每天产生的订单已超过1亿，三通一达每家每天达到了1 000万~3 000万包裹。京东和阿里之争的结果，是消费者举手投了京东的票，抬脚投了阿里的票。因为京东的品类少、价格贵，用自建物流空间换时间带来的流量不断被侵蚀，而通达快速增长的能力导致京东物流陷入了一场打不赢的军备竞赛。

物流商的爆发有两个表现。第一，从"货到付款"到"担保交易"。人们普遍有个误会，总觉得货到付款是一种传统的优质服务模式，甚至有段时间阿里努力试图推动这项业务。实际上，这是当年B2C电商为了获得消费者信任而不得已让渡的权力，通过采用货到付款方式让用户掌握主动权，而这种复杂的操作方式使得标准作业的快递企业无法胜任，只能由专业的落地配公司承接。阿里当年无心插柳柳成荫，为了平衡买家和卖家的关系，在支付宝加载了一个创新功能——"担保交易"，不成想一举两得，从此快递企业正式登上了电商物流的历史舞台。

第二，线上零售从标品扩大到非标品。首先是标品阶段。线上零售B2C一开始只能售卖标品，其代表是亚马孙、当当、卓越等，售卖标准化程度很高的图书、3C电子产品和电器。其次是非标品阶段。这时品类更广泛了，不完全的标品开始成为主流，如服装鞋帽、化妆品等，其原因是"通达"网状结构模式消灭了逆向物流的痛点，同时低廉的物流价格让用户可以买三个尺码的商品，合适的留下，不合适的退回。

与之类似，美团、饿了么与达达，几乎就是阿里与通达的翻版。2014年，美团手握巨量的商圈流量资源，饿了么则正在崛起，而商家的自配能力"瓶颈"已显现，于是众包模式的"达达"一上线即受到热捧，近乎无限的供给使得美团和饿了么开始高歌猛进，同时高冗余的直营快递和自建物流的员工迅速成为骑手队伍的主力军。

此外，还有个有趣的现象：开放的阿里做了封闭的"盒马"，封闭的京东却建了个开放的"到家"。开放的"到家"平台迅速受到传统线下零售商的追捧，沃尔玛、永辉、华润万家、家乐福……传统零售巨头纷纷抛出橄榄枝；发展至今，屈臣氏、万宁、名创优品在内的连锁美妆百货商家，海王星辰、老百姓、益丰等一众医药商家，都成了京东到家的重要合作伙伴，平台上的各业态连锁门店总量超过 10 余万家。

美团、饿了么的主要业务是围绕商圈 2 千米的非标品模式。那什么是"非标品模式"呢？我们日常生活中最常见的外卖，个性化需求强烈，消费者对口味、配料等有多样化要求，它不像图书、手机等是由厂商按照统一标准生产的"标品"。此外，外卖的质量和体验还受到配送时间、温度等因素的影响，并且不同餐厅和平台的制作和服务标准不一，订单的即时性及受外部因素影响都很大。因此，外卖难以实现标准化和一致化生产。

"达达"围绕零售商的"店中仓"模式，"邻趣"以 C 端发起的代购模式，以及消费者自身发起的"闪送"，其结构都是不同的，且运力池也是不同的。同样的，与单频或多频的快递公司的结构更不相同，前者以短距、随机性、点状投放，而后者则是远距、计划性、高密度投放。

由此可见，中国弥散式的生产结构+淘宝线上零售平台+通达系快递的网状物流模式，共同造就了中国消费产业链的一次高峰。

线上零售商的"瓶颈"

线上零售商遭遇的"瓶颈"是：线上的流量红利趋于结束。当线上的获客成本接近线下时，双方的优势地位自然会互换。

线上零售的成功，主要是线上的搜索成本远低于线下，加上供应链的支持，从而形成压倒性的优势。然而，线上零售平台的本质也是"物业"，网店看上去能有无限多，但实际上只有"市口好的店面"（即排名靠前的）才是有效的，商家的平均获客成本（即被搜索到的成本）越来越高，譬如刷单，以致未来预期线上的引流成本要高于线下"租赁物业的成本"。现在网店的数量比 2000 年扩大了，而各大平台的获客成本非常高，也就是网店的租金、流量、推广、直播等费用日益增高，但能获得的流量未必有结果。"让天下没有难做的生意"只是一开始线上渠道生产商对线下渠道生产商的短暂时间窗口优势，当达到临界点时就意味着与线下实体店又回到同一起跑线上，并且线下实体店的自身天然地理位置的优势又是网店所不具备的。

目前，作为线下物业的百货公司，最主要的任务就是设法引流，无论是选择加大顶层的餐饮建设聚人流，从而实现消费人群瀑布式释放到每一层的零售店铺，还是引入需要现场体验的影院、亲子、教育等项目，最终的目标都是降低租户的平均获客成本。

若线下百货选择有所作为的话，那就可以积极地拥抱互联网，提升自身的数字化能力。一方面，要主动组织商家进驻网上 O2O 商城，而不是等它们的地推上门还找不到接待部门。京东到家、美团、饿了么都是理想之选，这样既可以丰富线上的品类，又可以借助线上流量来帮助入驻的商户实现新渠道的销售。另一方面，实现线下销售数据的信息化，使得入驻的各家品牌商可以实时获取终端的动态销售数据，从而优化其供应链的计划性安排。同时，也可以反向导流，实现线下体验线上购买的双赢模式，其好处是线下店只需插样无需库存，而消费者可以以更优惠的价格获得心怡的商品。

消费产业链的扭曲

在整个产业链中，零售业变得过度集中（链主兼霸主），而生产制造业由于消费的差异性和产能的极限性导致相对分散，面对零售商完全没有任何的谈判能力，甚至品牌商也已被严重地威胁到自主性。2019 年的格兰仕事件就是典型案例。

互联网零售商利用资金优势收购低估值的线下零售，打包后再以新零售的名义获得更高的市场溢价，市场被舆论操控，结果是更进一步加剧整个链路上各方的不平衡。

面对平台，物流商逐渐失去了运费价格的议价权。生态圈中的物流商面临的处境也是一样，在早期红利期过去后，只有几家基于浙江文化优势的"通达"企业尚能维持发展，其他都面临着剧烈竞争下的生存压力。

竭泽而渔对整个产业链甚至整个国民经济的影响都是极其不利的，因此，我们要做的就是自救，但无论是生产商（品牌商）还是物流商，都存在结构上的条件缺陷，所以有必要联手重整链路，以达成整个产业供应链最大限度的优化。

未来消费产业链模式的展望

第一，品牌商的反击。目前只有有限的品牌商可以试图抗拒零售平台的压力，也只有具备足够规模的品牌商能够尝试建立自己的物流体系来摆脱零售商的干扰。

以 X 品牌为例。X 在天猫和京东都有专卖店，于是将货物铺在京东和天猫的仓内，同时自己的零售渠道也要铺货，这三个渠道的信息不是互通的，当库存周转率差异极大时，会发生某渠道卖断货而另外的渠道积压的情况。于是，X 开始建立统一的物流体系，所有的货物由一个系统控制，无论是京东、天猫或是自己的零售，都由自己的仓配体系完成。若 X 的品牌强势和销售规模在全国屈指可数，那么自建物流显而易见是不经济的，这时就应该尝试开放物流，但是，同行业或相关行业的生产商不敢将物流交予他们，跨行业的则因仓库的布局、系统及操作差异很大而很难兼容，由此陷入了尴尬的境地。

第二，物流企业的机会。X 的困境正是快递物流企业的优势所在，因为快递物流企业属于第三方，加之物流体系本身对于生产商而言是成本中心，相关行业的生产商权衡后都会把物流交出，如此一来，物流快递企业就可以把原来被零售商打碎的供应链重新完整、高效地组织起来，同时还能更好地发挥规模效应。

在公共物流领域，专业快递企业有很大的优势。一方面，零售商是自利的，总想通过自己的局部优化来提升与其他零售商的竞争优势，而不会从社会资源的最优角度来考虑供应链问题；另一方面，所有零售商的业务彼此一定是强隔离的，那就只有交给第三方。作为垂直切入第三方，物流快递企业能够提供整体供应链服务的优势，帮助生产商和零售商提升其物流效率从而建立对其竞争者的结构性优势。

第三，未来零售模式的展望。以平台和自传播方式互动可以迅速形成自己的庞大消费群体。在 PC（传统电脑）时代，每家企业都有自己的官方网站，后来逐渐弱化，其原因就是品类不够丰富、使用频率低，最终流量都汇总到有限的几个平台上，这就是"注意力经济学"。

根据事物螺旋上升的发展规律，未来的零售并不会是单纯的微商或社群模式，而是以品牌商自身为主体的官方"店"，无论这个店在微信上还是在今日头条或抖音上，都是要以自身的品牌为前提做各类营销的自传播，从而摆脱对传统线上零售商的依赖和控制，形成自控的销售体系，同时掌握各渠道的实时销售数据，这些都要靠物流快递企业提供的垂直供应链一体化柔性服务支撑。

结　论

未来整个消费产业链的链主将是生产商（品牌商）和物流商，零售商将各尽其能，消费者则乐享其成。回顾消费产业链的演变史，有两个规律现象。

第一，在消费产业链的 4 个链环中，多个链环都有发展时促进整体消费产业链的繁荣。具体来说，如果生产商（品牌商）提升了商品的产量和质量，零售商发展出线下线上多种零售模式，物流商建立起全国范围弥散式的网络，消费者的收入增加、消费能力变强，那么在这种情况下必然会促进消费产业链的整体繁荣。与之相对，单一链环具有绝对优势，链主试图侵占或吞并链环利益和功能，产业链就会产生"瓶颈"。这既可以是计划经济时期的链主生产商，也可以是线上零售平台。

第二，内部优化某一链环能提升局部效益，多个链环互相配合优化能产生整体效益。前者多为链主地位衰退时的自救，后者多为整体产业链爆发式增长的预兆。

03

中国与世界

近代中国会计学构建的海派探索

——以徐永祚、潘序伦为考察

◎ 程霖 张申 李艳[*]

摘 要：20世纪30年代的上海，作为近代中国社会经济发展的主要窗口及思想文化交流的关键枢纽，曾见证了中西会计思想的激烈碰撞与深度融合，催生了改良与改革中国会计之争这一中国经济思想史上的重要事件。争论中的两位学者，一位是强调本土会计实务情况，主张融合中西会计思想进而改良中式簿记的徐永祚；另一位则是强调已有理论的科学性和通用性，主张引进西方会计理论以改革中国会计的潘序伦。两位学者虽路径不同，但均致力于中国会计学的构建探索。此次争论发生的根本原因在于，已有中西会计思想均不能有效满足近代中国社会转型产生的理论需求。而争论发生地在上海，是因为上海工商业的繁荣、中外思想的并举、人才的集聚以及对传统的传承，为中国会计学构建提供了本土化与国际化兼具的基础环境与文化土壤。由此生成的海派探索，不仅为中国会计学构建做出了积极贡献，也展现了守正创新在推动中国经济思想发展过程中的核心价值。

* 程霖，上海财经大学经济学院/中国经济思想发展研究院教授，博士生导师，研究方向为中国经济思想史、中外经济思想比较等，电子邮箱：clin63@mail.shufe.edu.cn。

张申，上海社科院经济研究所副研究员，研究方向为中国经济学、中国经济思想转型，电子邮箱：zhangshen@sass.org.cn。

李艳，上海财经大学经济学院博士研究生，研究方向为中国会计学构建思想，电子邮箱：853172524@qq.com。

关键词： 徐永祚　潘序伦　中国会计学　海派探索

20 世纪 30 年代的上海：改良与改革中国会计之争

20 世纪初，近代中国风云迭起，中国经济社会正在经历三千年未有之巨变。被迫卷入世界经济体系的中国，在外来资本主义的影响下产生了大量新式企业，因而对原有的企业管理制度构成了冲击。尤其在上海，这里聚集了全国约五分之一的新式企业，其中一半以上的企业属于纺织业、日常品制造业等行业[1]，而此类行业的会计核算程序十分复杂，对成本管理要求非常严格。更重要的是，一些采用公司制的新式企业推行了所有权与经营权分离的模式，不同于独资或合伙制下的管理制度，故而对相适应的财务管理理论与工具产生了强烈需求。[2]

尽管中国传统会计思想曾在世界会计发展史上盛极一时[3]，但传统中式簿记在近代以来的新式企业管理过程中显示出一定的不足，主要表现为记账手续混乱、记账单位不统一、会计科目无固定分类、账簿无组织且无固定格式、损益计算不准确等。[4] 换言之，基于小农社会产生的以服务自然经济为目标的传统中式簿记，已经无法满足工商业社会下新式企业复杂的生产经营管理活动需要。伴随着西学东渐思潮的兴起，西方会计理论逐步传入中国，在对思想变迁产生推动作用的同时，实践中的客观情况却是"虽比较精确和科学，但内容远较中式簿记为复杂。中小型企业采用起来自会遇到一定困难"。[5] 的确，西方会计理论在传播过程中面临着语言障碍、传播条件局限、受众认知水平有限、实践应用困难等问题，遑论其自身也存在一定缺陷，并且与中国本土的经营情况不完全相符。所以，在一时之间全盘引进西方会计理论，并非解决近代中国困境的"灵丹妙药"。由此可见，一面是众多的新式企业非常渴求相适应的财务管理理论与工具，另一面是中国传

1　整理自杜恂诚. 民族资本主义与旧中国政府 1840—1937[M]. 上海：上海社会科学院出版社,1991：285-528.

2　近代有评论认为，中国会计科学发展的重要原因是公司组织形式的变化（从私人或个人独资到公司组织形式的变化）。参见 Lizen Scheng. Development of Accountancy In China[J]. Millard's Review,1925,32(2):37.

3　迈克尔·查特菲尔. 会计思想史[M]. 文硕,等,译. 上海：立信会计出版社,2017:8.

4　朱肯堂. 会计问题：改良中国会计问题[J]. 会计学报,1928(1).

5　胡寄窗. 中国近代经济思想史大纲[M]. 北京：中国社会科学出版社,1984:469-470.

统会计思想和西方会计理论均无法有效对接需求，于是，上海这座海派城市便成了近代中国中西会计思想交锋与融通的试验场。

正是在此过程中，上海涌现出了中国会计思想史上两位重要的会计学家：一位是中国本土培育的会计学家徐永祚，另一位是留美归国的会计学家潘序伦。徐永祚试图改良中国传统会计思想以解决实际问题，潘序伦则主张用西方会计理论改革中国会计以适应发展趋势。由于二人选择路径的不同，他们在上海掀起了近代中国会计思想史上的一次大型会计学术争论——"改良与改革中国会计之争"。该争论起于 1933 年徐永祚出版《改良中式簿记概说》，后又于 1934 年 1 月 1 日在《会计杂志》刊登改良中式簿记专号；而潘序伦随即于 1934 年发表《为讨论"改良中式簿记"致徐永祚君书》，后又于 1935 年主编出版《"改良中式簿记"之讨论》。从经济思想发展演变的视角来看，该争论并不是一个孤立的偶然片段，而是近代学者探索中国会计学构建的典型案例和重要一环，不仅对 20 世纪 30 年代后的中国会计学构建探索在构建原则、基础理论和理论体系等方面产生了示范作用，而且徐永祚、潘序伦两位会计学家的学术旨趣与开拓轨迹，也展现出海派精神在推进中国经济思想转型过程中所发挥的积极影响。

改良派徐永祚：立足本土，创建改良中式簿记

徐永祚（1891—1959），又名玉书，1891 年 10 月 11 日出生于浙江省海宁县金石墩（今海宁市祝场乡），中国近代著名的会计学家、会计教育家、会计师。[1] 1921 年，徐永祚在上海取得北洋政府颁发的会计师执照，与闻亦有创办徐永祚会计师事务所（抗战时期改称正明会计师事务所），执行会计师业务，全身心地致力于中式簿记改良事业。1933 年 1 月，徐永祚创办《会计杂志》月刊及会计人员训练班，出版《改良中式簿记概说》一书，

---

[1] 徐永祚.改良中式簿记概说[M].上海:立信会计出版社,2009:附录.

在中国商界和会计界掀起改良中式簿记的浪潮。1934年11月8日，徐永祚与卫挺生、潘序伦等51人，在南京市中央路560号成立中国会计学社。1947年11月，徐永祚又与奚玉书等5位会计师一道，受聘担任立信会计专科学校董事会董事。[1]

尽管不曾有出国留学经历，但徐永祚对西方会计理论同样有深入研究。在担任《银行周报》主编时，他多次发表文章介绍西方的借贷会计原理及应用，且编著了《英美会计师事业》一书，用以讨论国外会计师的业务和社会功能。特别是在会计方法上，徐永祚认为资产负债表与损益计算书是反映企业经营状况的关键材料，若不了解其中的数字解析方法，就无法理解它们所要传达的真正含义。所以，徐永祚于1930年翻译出版了美国会计学家吉曼（S.Gilman）的《决算表之分析观察法》，介绍资产负债表与损益计算书解读过程中所运用到的比率法。该书在第十二章之后还介绍了会计学者华尔（A.Wall）的比率方法，用以与吉曼的"由比率法以树立趋势观察法"开展比较研究。[2] 对此，《新闻报》曾发表文章宣介该书，并称其对于会计学研究者、投资者、企业家和金融家等均具有重要指导意义。[3] 可见，徐永祚作为本土培育而成的会计学家，亦具备深厚的国际学术视野和理论功底。

作为兼通中西的学者，徐永祚在中西两种会计思想之间不断选择，最终才形成改良中式簿记的设想及方案。具体而言，徐永祚的思想演变经历了四个重要时期。[4] 一是1920—1921年，徐永祚初步接触西式簿记，曾主张复式簿记法，将中国会计全盘西化。二是1922—1923年，徐永祚基于会计实践活动，发现"全仿西式，非一般人所能习"，故"未能推行于工商各业"。因此，他主张采酌西式簿记之内容，择中式簿记之形式，改良中式簿记的思想就此萌生。三是1925—1926年，通过与工商业界的频繁接触以及企业调查研究，徐永祚发现，"中式簿记，并非全无组织。记账方法，并非全不合理"，"对于中式簿记之观念，为之一变"。但中式簿记也存在不少缺点，于是下决心改良中式簿记。四是1929—1934年，在上述指导思想下，徐永祚正式启动改良中式簿记实践，并在此过程中发现，中式簿记，"亦能适用于大规模事业之会计"，故出版了《改良中式簿记概说》一书。

1　陈元芳.中国会计名家传略[M].上海:立信会计出版社,2013:410-412.
2　吉曼.决算表之分析观察法[M].徐永祚,译.徐永祚会计师事务所,1930:序.
3　决算表之分析观察法[N].新闻报,1930-09-23(15).
4　徐永祚.改良中式簿记概说[M].徐永祚会计师事务所,1935:3-7.

以上思想变化过程显示，徐永祚并非是因为不了解、不通晓西方会计理论，抑或是固守传统，从而单纯地拒绝变革、排斥外来；相反，他曾以开放积极的心态学习西方会计理论，但因始终立足本土、立足实践，所以发现了中国传统会计思想的优秀之处，反思自己"因不认识而鄙弃也，凡仅知西式簿记者"，[1] 最终在变通、融合的思维下形成了改良中式簿记。此亦反映了徐永祚"立中式簿记之科学精神"[2] 的学术自主、一心为国的学术情怀。徐永祚曾对为何要选择改良中式簿记进行过深刻剖析。他指出，这主要是出于三个原则：一是科学原则，这在当时被界定为"以适合时代为原则"。[3] 二是实用原则，"在制度本身上，应防止不必要之繁复手续，以增进工作之效能。在制度推行上，应顾到是否适应环境，以期推行之顺利"。三是经济原则，"以最小之劳费，获得最大之效果"。[4]

据此，他设计的改良中式簿记包括四个部分：一是采用资本主假设，以借主、贷主与企业资本主之关系为根据；二是以现金理论为基础，以"收""付"为记账符号，以现款的收、付、转为主而对经济业务进行分类；三是采用账簿分割法，根据交易目的物设置多种账簿；四是发明四柱结算法，认为该法既能表现账目收付的经过和结果，又能检验记账及计算有无错误。[5] 徐永祚认为，改良中式簿记能够解决西式簿记应用较难、成本较高的问题，"合乎东方人之观念"，"反较西式之借贷更觉通俗易晓"。[6]

1949 年 9 月，徐永祚于中国人民政治协商会议第一届全体会议上，向新政协筹备会议成员、著名经济学家章乃器推荐收付记账法。受此影响，章乃器发表了《应用自己的簿记原理记账》一文，[7] 引发了新中国成立以来首次有关记账方法选择的争论。1959 年 9 月，徐永祚在上海病逝。[8] 2000 年，徐永祚作为 20 世纪中国会计学界名人，被收入《中国会计学界百年星河图》。[9]

1　徐永祚.改良中式簿记问题[J].会计杂志,1934,3(1).
2　徐永祚.改良中式簿记概说[M].徐永祚会计师事务所,1934:4.
3　徐永祚.改良中式簿记论集[M].徐永祚会计师事务所,1935:416.
4　徐永祚.改良中式簿记问题[J].会计杂志,1934,3(1).
5　徐永祚.改良中式簿记问题[J].会计杂志,1934,3(1).
6　徐永祚.改良中式簿记概说[M].上海:立信会计出版社,1935:5+10.
7　章乃器.应用自己的簿记原理记账[N].大公报,1950-01-29.
8　徐永祚.改良中式簿记概说[M].上海:立信会计出版社,2009:附录.
9　郭道扬.中国会计学界百年星河图[J].财会通讯,2000(1).

改革派潘序伦：面向国际，发展中国现代会计

潘序伦（1893—1985），字秩四，1893 年 7 月 14 日出生于江苏省宜兴县，中国著名会计学家、会计教育家[1]，被誉为"中国现代会计之父"[2]。1921 年，潘序伦进入美国哈佛大学商业管理学院，选修会计学科，1923 年取得该校企业管理硕士学位。1924 年获哥伦比亚大学经济学博士学位。此过程中，潘序伦周游欧洲多国，这加深了他对西方世界的认识，也为他归国后引进和传播复式簿记法奠定了思想基础。[3] 潘序伦归国后，在各大高校任教，先在国立东南大学分设的上海商科大学任教务主任并兼任会计系主任，后任国立暨南大学商学院院长，并出任该院于 1923 年 11 月成立的会计学会常年顾问，同时兼任国立中央大学、复旦大学及东吴大学法学院会计学教授。1927 年 1 月，潘序伦会计师事务所在上海创办，开创了立信会计事业。1928 年 1 月，潘序伦与奚玉书等人一道担任改组后的上海会计师公会常务委员。同年春，与立信同事顾询、钱逎澂、李鸿寿等人一道在所内设立簿记训练班。立信会计教育由此发端，后随事务所改名，正式定名为立信会计补习学校，由潘序伦担任校长。1934 年，潘序伦同样参与了中国会计学社的创建。1937 年 2 月，筹备组建立信会计专科学校及校董事会，将立信会计教育提升到一个新的层次。1945 年 5 月，创设立信高级会计职业学校，附于立信会计专科学校内，曾附设高级会计职业科，立信会计学校的立体办学格局由此形成。[4]

在中国会计学的探索上，潘序伦持有和徐永祚不同的观点。他并不像徐永祚一样有多阶段的思想演变历程，而是一位坚定的改革中国会计的倡导者。一方面，基于多年的美国留学经历和欧洲十余国的游历考察，潘序伦认为西方会计理论具

[1] 郭道扬. 中国会计史稿:下[M]. 北京:中国财政经济出版社,1988:502.
[2] 曹继军,颜维琦. 中国现代会计之父[N]. 光明日报,2013-09-12(13).
[3] 郭道扬. 中国会计史稿:下[M]. 北京:中国财政经济出版社,1988:502.
[4] 陈元芳. 中国会计名家传略[M]. 上海:立信会计出版社,2013:251-253.

有优越性，故而应大力引进。他指出，欧美各国学者精研会计学理论，使其日臻成熟，在实践中也有很好的效果，"各界实施于用，进步较速，功效亦著"，特别是，其应用也早已普及。相较之下，中式簿记在当下确实看来相对落后，"收付簿记法，实难及世界一致采用之借贷簿记法为完善而合理"，由此他认为，对于近代中国而言，当务之急是改变会计相对落后的问题，"惟有急起直追，舍己之短，取人之长。则桑榆之收，尚可不嫌其晚"。[1] 潘序伦虽主张便利、经济、科学的原则，但也以此否定了改良中式簿记的账簿分割法。他指出，西式簿记所采用的账簿统驭法下的多栏式日记簿，可按时间顺序记录经济交易事项并将其汇于一处，这不仅可节省账簿册数，而且便于按时查阅交易之全过程。而改良中式簿记的分割账簿组织，对于规模较小的商店而言，账目较少且简单，账簿分割法尚且勉强可用；对于规模宏大、业务较广的企业来说，总账内的账户数目要达到数百甚至数千个，是不经济、不便利的。因此，他认为分割法仅可作为小企业过渡的办法，而统驭法下的多栏式账簿才是趋势所在。[2] 潘序伦的探讨吸引了不少学者共同参与，如著名经济学家顾准也成为改革派的主要代表，在争论中发表了诸多观点。

争论不是关键，关键是很多学者在争论的过程中对西方会计理论为什么科学、为什么更有效率，以及中国传统会计思想中有什么合理之处有了更深刻的认识。正因如此，潘序伦不仅在实践中肯定了改良中式簿记法作为过渡安排而迎合"旧式商人之习俗"的客观合理性，而且在逻辑上指出，改良派的账理、账法"亦能自成一种系统"，所以"对于我国改良簿记之过程中，自不能否认其功效"。[3] 因此，即便存在争论，潘序伦仍然在公众场合推广改良派思想。例如，在对华南工商界进行财务会计知识宣讲时指出，会计问题解决的条件之一便是"应用双式簿记或改良中式簿记的方法"，此外还建议会计员学习西式簿记或改良中式簿记。[4]

长期以来，潘序伦为中国会计事业奋斗不息。20 世纪 20 年代由他创办的立信会计学校，开启了中国立体式职业教育的先河，至 1952 年因全国院系调整停办，已培养出数十万会计人才，他们一部分成为财经工作的中坚力量，一部分成为知

---

[1] 潘序伦."改良中式簿记"之讨论[M].立信会计师事务所,1935:序.
[2] 潘序伦.为讨论"改良中式簿记"致徐永祚君书[J].立信会计季刊,1934,2(4).
[3] 潘序伦."改良中式簿记"之讨论[M].立信会计师事务所,1935:序.
[4] 潘序伦.华南工商界改良会计问题[J].立信月报,1940,3(12).

名专家学者和著名会计学教授。1979年，潘序伦十分关心上海地区的会计事业，全力支持上海会计学会的成立，并为其发展出资捐款。1980年，全国性学术团体中国会计学会成立之时他又被推选为学会顾问。同年8月，潘序伦为发展中国市场经济培养财会人才，响应"广开学路，各方办学"的号召，又积极发起倡议复办立信会计专科学校，截至20世纪90年代末学校已为国家培养了4万多名各类会计人才。[1] 1981年2月，他出任恢复后的立信会计编译所主任，陆续出版发行了"新编立信会计丛书"和"财经丛书"等20多种书籍。1985年10月25日，财政部为表彰潘序伦过去60年为中国会计事业发展做出的卓越贡献，特颁发荣誉证书。1985年11月，潘序伦因病在上海逝世。[2] 2000年，潘序伦作为20世纪对中国会计学发展做出重要贡献的学者，被收入《中国会计学界百年星河图》，位列众多会计学家之首。[3]

海派探索：本土化与国际化下的守正创新

徐永祚凭借其深厚的会计实务经验，秉持根植中国本土的理念，选择性地吸纳西方会计理论，致力于中国传统会计思想的重建与改良。潘序伦则依托其丰富的海外学术经历，坚持在彼时更具有科学性和先进性的西方会计理论，积极推动中国传统会计思想和企业实务全面改革，充分与国际接轨。尽管二人在理论选择上存在差异，但其共同之处在于紧密依托上海中外并举、新旧兼容的社会经济实践，致力于中国会计问题的解决和中国会计理论的发展。尽管徐永祚和潘序伦选择了不同的中国会计学探索路径，但他们具备同样高尚的学术修养。他们在思想争论过程中，互相尊重，能发现彼此的长处并给予肯定。这既是学者学识底蕴、学术情怀的彰显，更是近代上海开放包容学术环境的缩影，成为当代学者学习与推崇的学术典范。

回顾这场争论的本身，其发生的根本原因在于理论之于实践产生了显著落差，

[1] 罗银胜.中国现代会计之父:潘序伦[J].财会月刊,1997(1).
[2] 陈元芳.中国会计名家传略[M].上海:立信会计出版社,2013:251-253.
[3] 郭道扬.中国会计学界百年星河图[J].财会通讯,2000(1).

即伴随着近代中国经济剧烈转型、新式企业大量涌现这一实际情况变化，无论是中国传统会计思想还是西方会计理论均不能充分满足中国实际需要，所以需要理论的选择与创新。但是，这一争论能在近代的上海发生，却也因有上海的一系列因素作为催化：一则，上海工商业的繁荣为会计的应用提供了广泛的实验场，倒逼着中国传统会计思想的革新。再则，上海也是西方经济思想传播的前沿阵地，西方会计理论的大量涌入对中国国内的会计思想与实践构成了重要参照。但是，以江南文化为主、联合全国各地文化的多元汇聚和长期积累，又使得传统思想与惯例在上海得到了很大程度的保留。同时，留学归来的商业精英与本土学者汇聚上海，携手并进，使得上海不仅人才济济，而且人才群体既具有国际视野，又肩负着发展本土会计学术的历史使命。正是基于以上的客观条件，中国会计学构建在海派探索过程中，逐渐呈现出国际化与本土化两种特质：一方面，中国会计学的思想来源是开放的，不仅表现为对变革趋势的顺应，对外来思想的接纳，也表现为不同思想间的争鸣。另一方面，中国会计学的思想探索又是守成的，并不因为发生在上海这座国际化大都市而就一味地主张全盘西化，相反，其根植于本土，成为中西会计思想思辨与交锋的前线，并在两者的碰撞过程中初步摸索出了构建与成长之路。

此一探索的发生非常难能可贵，特别是因为其发生在中国经济思想转型的历史背景之下。近代以来，中国经济思想启动了从传统到现代的转型变迁，其大致经历了从晚清时期传统经济思想与西方经济学斗争，随后至五四运动前后者逐渐占据支配地位，到五四运动后马克思主义经济学传入并迅速成长的演变。在经济社会剧烈变迁、思想意识剧烈转变的巨大冲击下，中国经济思想该何去何从？正是在会计学领域，在 20 世纪 30 年代的上海，孕育了中国自主知识体系的探索萌芽，此间既展现了对外来思想的批判性吸收、对传统思想的继承与发展，也强调了立足本土、服务实践的坚定立场。这也反映出，中国经济思想的成长发展，必然要在守正创新的基础上才能实现。而徐永祚与潘序伦的改良与改革中国会计之争，正是这一时代背景下守正创新的生动演练，也为我们理解海派精神提供了宝贵的历史画卷。

清末民初《美国经济评论》视野下的近代中国经济问题(1895—1916) *

◎ 李丹**

摘　要： 近代中国正处于现代转型的重要时期，为了解决自身的经济问题正积极地向各国学习；同一时期，作为新兴大国的美国也十分关注中国的经济状况，以期与中国建立更为紧密的贸易联系。《美国经济评论》是在世界范围内经济学研究方面久负盛名的杂志，自 1911 年创刊时就开始关注中国，直至 1949 年共登载过约 44 篇关于中国经济问题的文章。

本文试图以这些文章为线索，从中美经济关系的视角出发，并结合当时经济学发展的趋势，展现全球视野下民国时期中国经济问题研究的主要特点，反映国际学术界对中国经济问题的求索与开拓。本研究有三个发现：以若干学者为核心的学术交流主导了全球视野下民国时期中国经济问题研究的主要方向；以稳定经济和推动贸易为目的的研究构成了这一时期研究的核心内容；以经济理论分析和数据统计分析取代历史叙述分析是近代中国经济学研究方法的转变方向。

关键词：《美国经济评论》　近代中国　经济问题

---

* 本文为上海财经大学基本科研业务项目"《美国经济评论》视野下的中国经济问题"（项目号：202110405）成果。

** 李丹，上海财经大学经济学院/中国经济思想发展研究院博士后，电子邮箱：da13da14@163.com。

引 言

　　1784 年，美国商船"中国皇后"号抵达广州，由此揭开了中美通商的序幕，两国的经济开始了第一次的直接联系。[1]历经两个多世纪的发展，中美的经济联系已成为世界上最重要的经济关系。本文从经济学界一本久负盛名的杂志——《美国经济评论》入手，通过挖掘历史材料，考察早期西方经济学界对中国经济关注的重点，以此展现近代中国经济发展在世界范围内的影响及其对经济学研究的贡献。近代中国正处于经济转型的重要时期，包括经济学在内的一系列西方现代科学理论的传播在其中发挥了重要作用，以《美国经济评论》为代表的经济学学术期刊正是推动这一传播过程的重要窗口。中国现代的经济理论是从西方传入的，但这种理论并不是被西方主导的，中国学者积极地推进中国经济问题研究，甚至在理论创新方面有所贡献。[2]基于这些历史资料的分析，可以较好地展现中美学术互动，认清全球视野下中国经济实践与理论的贡献。

　　经济学作为一门从西方传入的学科天然具有一定外来性，因而不可避免地要从全球视野角度进行考察，许多学者在讨论中国经济学的早期发展时都关注到了它的这一性质，如西方传教士很早就开始向中国介绍西方的经济科学[3]，中国的海外留学生也在经济学的传播中发挥了重大作用[4]。从具体的研究角度来看，许多研究从学科发展出发，聚焦于经济学的构建过程[5]；也有研究强调了这一进程中的中外互动过程，采用全球视野的角度[6]。由此，中外互动背景下经济学的理论发展构成了近代中国经济问题研究的一个突出主线，而本文正是因循这个研究路径，选用《美国经济评论》中有关中国经济问题的材料来深入探讨近代中国的经济问题。从选用的研究材料来看，已有部分研究注意到《美国经济评论》对近代中国经济

1　陶文钊.中美关系史:修订本:全三册[M].上海:上海人民出版社,2016:序言.
2　程霖,张申,陈旭东.中国经济学的探索:一个历史考察[J].经济研究,2020(9).
3　张亚光,沈博.格义、分野、自立:近代中国经济学的探索与转型[J].财经研究,2021(1).
4　邹进文.近代中国经济学的发展以留学生博士论文为中心的考察[M].北京:中国人民大学出版社,2016.
5　易棉阳.民国时期中国经济学构建的探索:以留学生为中心的考察[J].财经研究,2019(7);邹进文,李俊.留学生与中国经济学的发展:基于 20 世纪 50 年代的考察[J].中南财经政法大学学报,2014(6).
6　邹进文.中国近代经济思想研究在西方的反响[J].中国社会科学,2021(5);邹进文,李萌,周格子.全球视野下的近代中国经济问题:基于《太平洋事务》的考察[J].世界社会科学,2024(3);胡帅,邹进文.全球视野下的中国近代经济思想史研究:现状、问题与展望[J].新文科教育研究,2023(1).

问题的关注[1]，而本文则试图通过挖掘更多的历史材料，采用全球化研究视角的方式，来厘清《美国经济评论》视野下的近代中国经济问题。具体来说，不同于以往的研究，本文将研究时段扩展到《美国经济评论》创刊（1911 年）之前，即包括《美国经济学会出版物》（*Publications of the American Economic Association*,1886—1907）和《美国经济学联合会季刊》（*American Economic Association Quarterly*,1908—1910）在内的杂志中有关中国经济问题的研究。选用的材料，除了常见的研究文章和书评外，还囊括了书讯、统计资料汇总等内容。本文将主要讨论《美国经济评论》早期对中国经济问题的研究，按时间可分为两个阶段：晚清时期（1895—1910 年）和民国初年（1911—1916 年）。[2]

《美国经济评论》的前身与中美贸易的兴起

1885 年，美国经济学家伊利（Richard T.Ely，1854—1943）参加美国历史学联合会（American History Association）获得灵感，与其他几位学者共同创办了美国经济学联合会（American Economic Association）。该学会的宗旨是鼓励经济研究，特别是有关现实经济状况的历史及统计研究；发行以经济学为主题的出版物；倡导纯粹自由的学术讨论，不倾向任何党派主张，也不指定会员对现实经济问题的特定立场。[3] 早期的美国经济学联合会并没有学会的正式出版物，只有《美国经济学联合会出版物》《美国经济学联合会季刊》等。自 1784 年"中国皇后"号商船推开了中美贸易的序幕，1844 年清政府被迫签订不平等条约《望厦条约》后，美国日益重视其在华的经济利益。虽然这一时期的研究并没有直接讨论中国经济问题的文章，但仍有许多涉及贸易的研究十分重视中国因素，非常突出的是农业、货币方面的研究。

[1] 宋丽智.近代西方学界对于中国经济问题的关注(1912—1949):以《美国经济评论》为中心的考察[J].清华大学学报(哲学社会科学版)，2023(5)；宋丽智.刘大中经济思想研究:以《美国经济评论》的 5 篇论文为中心[J].清华大学学报(哲学社会科学版),2017(4)；李丹,邹进文.《美国经济评论》视野下的中国:以 1978 年以前华人经济学家的文章为中心[J].中南财经政法大学学报,2020(4).
[2] 这里并没有完全按照中国传统的近代历史节点进行时段划分，而是在结合现有的材料基础上，考虑《美国经济评论》杂志本身发展的特点以及世界范围内的重大历史时间，对部分时段进行了调整。参见 R A Margo.The Economic History of the American Economic Review:A Century's Explosion of Economics Research[J].The American Economic Review,2011(1):9-35.
[3] 邢源源.《美国经济评论》百年发展历程[J]. 经济学动态,2011(5).

（一）中美贸易的兴起与美国本土的农业发展

幅员辽阔、地广人稀的美国在发展农业上有着天然的优势，美国经济学界对农业经济研究有很大的兴趣，而中国作为历史悠久的传统农业国家，两者自然产生了一些联系。这一时期，《美国经济评论》就有两位学者在讨论美国本土的水稻种植和蚕丝业时涉及了中国的相关领域。

南伯（S. A. Knapp，1833—1911）借鉴了中国农业经验，讨论在美国种植水稻的合理性。[1]他指出，从中国数千年的农业实践可以看到，用于生产小麦、大麦和燕麦的肥沃土地会逐渐贫瘠，变成普通的农田；而稻田则能保持土地的肥力，长期稳定地产出作物，持续为国家提供粮食。显然，南伯作为农业方面的专家，对中国的农业发展情况有一定程度的了解。同时，通过中国的历史证据来说明水稻在土地固肥方面的优势，也反映了中国农业发展对美国农业发展存在一定的借鉴作用。此外，南伯还指出，在人口密集的国家（如中国）作物歉收会是比较严重的问题，相比于随季节变化而偶有歉收的小麦、玉米和大麦，水稻收成的确定性更高，总能让农民的辛勤劳动得到回报。[2]总的来说，虽然南伯讨论的主体是美国本土的水稻生产，但他对中国农业实例的引证说明了美国学术界对中国问题的关注。

梅森（Frank Richardson Mason，1882—1953）深入考察了中国蚕丝与美国丝织业的紧密关联。[3]他指出，尽管美国生产的缫丝机器是中国等国能使用的最好的机器，但由于原料的限制，美国本土并不能发展类似的产业，而是要从外国进口生丝，再在国内加工成丝绸。[4]显然，在丝绸制造产业中，中国与美国形成了一个紧密的供应链结构——中国提供生丝、美国将生丝制成丝绸。但这个供应链并不是长期固定不变的，其内部和外部都存在着一些不稳定因素。一方面，是中国加工的生丝质量不高。由于仍采用原始的人力加工，因而质量很难得到保证，同

[1] 南伯被称为"美国农业推广之父"。他亲自在得克萨斯州创建合作示范农场，推广良种和新技术，还担任过美国艾奥瓦州农学院院长、美国农业部部长等职位。
[2] S A Knapp. Rice[J]. Publications of the American Economic Association, 1904, 5(1):104.
[3] 梅森曾于哈佛大学攻读博士学位，曾任美国关税委员会主席的弗兰克·陶西格（Frank W. Taussig）是其导师。他在《经济学季刊》（The Quarterly Journal of Economics）发表过文章，也出版过多部著作，甚至通过了博士资格考试，但并未取得博士学位，最终成为一名会计师。
[4] F R Mason. The American Silk Industry and the Tariff[J]. American Economic Association Quarterly, 1910, 11(4):12.

时还存在一定的掺假现象。对此，美国试图通过引进先进技术及要求中国政府出面干预的方式来解决相关问题。同时，也是因为中国生丝的质量问题，美国从中国进口的生丝逐渐减少。另一方面，是来自日本、意大利等国高质量生丝的竞争。日本积极推动生丝出口，对此中国采用更低的价格来提高竞争力。同时，日本并不能完全满足市场需求，因而还是有部分原料必须从中国进口。总的来说，梅森完整地刻画了美国丝绸产业与中国等国的生丝供应产业长期互动的过程。令人印象深刻的是，相比日本的生丝以质取胜，中国的生丝更偏向于价格取胜。此类现象在近百年后中国加入世界贸易组织的初期依然常见。

（二）中美贸易扩张及其带来的货币问题

作为新兴的资本主义国家，美国积极地在世界开辟殖民地。1844 年，清政府与美国签订了《望厦条约》；1853 年"黑船事件"中，美国以炮舰威逼日本打开国门；1902 年，美国在美菲战争中获胜，菲律宾成为美国的殖民地。由于美国在东方拥有大量的经济利益，因此美国学术界十分关注与东方国家的经济关系。这一时期的《美国经济评论》中，有两位学者分析了包括中国在内的东方国家与美国的贸易情况及其衍生的财政货币问题。

福特（Worthington Chauncey Ford，1858—1941）十分重视美国与中国的贸易。[1] 他指出，美国在殖民地时期就开始同东方进行贸易往来，美国还借鉴了中国阻止外国进口并排斥本国人参与外贸的政策。[2] 从相关背景介绍可以发现，这一时期在贸易方面中美有着千丝万缕的关系。从具体的贸易数据看，也能发现一些新的特点。在出口方面，1821 年，美国出口到中国的商品价值 4 290 560 美元，其中美国生产的为 338 535 美元；1893 年，美国出口到中国的商品价值下降为 3 900 457 美元，但这些商品全都由美国生产。实际上，美国向中国出口的商品是在不断增加的。在进口方面，与日本相比，中国没能积极提升商品质量，因而在蚕丝、茶叶等方面失去了竞争力。美国从中国进口的商品价值，1821 年为 311 952 美元，1893

---

[1] 福特曾担任过美国历史学联合会会长、美国国家统计局局长、美国财政部部长、美国国会图书馆手稿部部长。
[2] W C Ford. Trade of the United States with the East[J]. Publications of the American Economic Association, 1895, 10(3): 79-80.

年为 20 636 535 美元；而美国从日本进口的商品价值，在 1860 年不足 100 000 美元，但 1893 已为 27 454 220 美元，已超过了中国。仅比较对美出口贸易的变化，就能发现中日两国在经济实力上的差距。

柯南特（Charles Arthur Conant，1861—1915）在讨论东方的货币问题时，对中国的白银外流情况进行了较为深入的分析。[1] 他指出，由于糟糕的外部条件和低效的税收系统，中国承受着沉重的负担，正是在这种情况下，中国出现了严重的白银外流现象，银价已跌至历史平均水平的三分之一，没有财力继续每年从国外进口价值 2 亿美元的商品。他认为，对像中国这样苦于财政问题的国家，应提供先进的生产、商业和财政机制来确保他们有能力购买美国的产品。[2] 显然，柯南特提出中国要引入更好的财政制度的目的是让美国获得巨大的商业利益，但这也确实能让中国从中获益。

总的来说，在《美国经济评论》尚未创刊之前，其前身《美国经济学联合会出版物》《美国经济学联合会季刊》就关注对中国经济现象的研究。虽然这些研究的主题并非直指中国经济本身，但考察其具体内容也能发现，中国经济已成为美国经济学家长期关注的议题。同时，具体分析这些研究的历史背景则能看到，巨大的经济利益是这些研究的重要动力。无论是发展本国的农业，还是强化中美两国的贸易，都能为美国带来实质性的利益。这也是美国学术界愿意主动了解万里之外的中国经济的重要原因。

《美国经济评论》的初创及其对中国经济问题的关注

1911 年，出于竞争和刊物自身变革的需求，《美国经济评论》作为美国经济学联合会的正式出版物创刊出版。巧合的是，1911 年的中国发生了近代历史性事件——辛亥革命。随后清王朝被推翻，中华民国政府成立。初创时期的《美国经

---

[1] 柯南特是美国著名记者、作家和金融史专家，代表作品有《亚历山大·汉密尔顿评传》《美国华尔街史》《美国在东方》《现代银行发展史》《货币与银行理论》。

[2] C A Conant.Currency Problems in the Orient-Discussion[J].Publications of the American Economic Association,1903,4(1):280-295.

济评论》是经济学研究信息的综合体，有学术论文，也有书评、书讯和其他学术信息。尽管侧重点各不相同，但这些材料都为我们了解西方学术界对中国经济问题的探索提供了独特的视角。具体来说，在《美国经济评论》的初创时期（1911—1916年）出现了与中国直接相关的研究，这些研究主要集中于对中国经济情况的调查和对中国财政与外贸的研究。

（一）对中国相关情况的调查

东西方文化虽然本身存在巨大差异，但某些方面也会有共同之处，这些领域通常能引起人们的共鸣，因而也备受西方关注。中国古代虽没有孕育出科学实验性的经济理论，但也有着丰富的经验性经济哲思。陈焕章的博士论文《孔门理财学》介绍了中国传统的经济思想，美国威斯康星大学教授、社会学家罗斯（E. A. Ross）对此发表了相关书评，这是《美国经济评论》上第一篇关于中国经济问题的书评。罗斯认为，这是一部按照现代政治经济学的结构进行分析和归类的中国经济思想概要，其所构建的中国思想体系不仅涉及政治经济学，还包括伦理学和社会学，这些都有助于西方了解中国经济思想的价值和经验，是独一无二的经济学参考文献。[1]

在介绍中国的基本制度方面，梁宇皋（1888—1963）和陶孟和（1888—1960）合著《中国乡村与城镇生活》一书[2]，芝加哥大学温斯顿（A. P. Winston）教授指出，该研究是土生土长的中国学者运用西方科学方法来分析中国问题，极大地弥合了因中西文化差异而导致的认知鸿沟，是帮助西方理解中国制度的良书。具体来说，该研究将中国地方政府与中央政府的关系与英国自治殖民地与帝国政府的关系相类比，这种关系下当地方意愿与帝国法令发生冲突时，法令往往难以推行，而中国政府当时面临的困难就在于如何重新集中权力。[3]

中国人的慈善事业也是西方学界关注的对象之一。朱友渔（1885—1986）的博士论文《中国慈善事业的精神》付梓[4]，沃森（Frank D. Watson, 1883—1959）

---

[1] E A Ross, Review. The Economic Principles of Confucius and His School[J]. The American Economic Review, 1912, 2(4): 883-884.
[2] 陶孟和是社会学家、教育学家，曾任中央研究院院士、中国科学院学部委员、中国科学院副院长。梁宇皋是政治家，曾任马六甲州州长和马来西亚卫生部长、司法部长务。
[3] A P Winston. Village and town life in China[J]. The American Economic Review, 1915(4): 840.
[4] 朱友渔毕业于哥伦比亚大学社会系，是社会学家、中华圣公会云贵教区分区主教。

教授就注意到了该研究[1]，并撰写了书评并发表在《美国经济评论》上。文章用了较大的篇幅介绍论文的内容，慈善事业分为慈善、互惠和民生改善，即传统意义上对弱势群体的帮助、社会自发组织的互助活动及政府主导的公共服务，此外还回顾了中国思想中的慈善、历史中的慈善实践以及亟待解决的问题。[2] 通过沃森的介绍可以看出，虽然中国那时在其他领域相对落后，但在慈善事业方面有着值得详细研究的丰富内容。

在移民方面，1915 年第 1 期《美国经济评论》介绍了一份与中国有关的统计公报，这份编号为"127"的人口统计局公报介绍了美国的华裔和日裔数量。文章指出，该公报的主要数据已在之前的"第 13 次人口普查"中公布，本次增加了农业方面的新数据。[3] 尽管文章只介绍了相关资料的简要信息，但我们仍能从中管窥到美国学术界对各种包括中国在内的统计数据有强烈的兴趣。

并非只介绍简单的移民统计数据材料，史密斯（James Allen Smith，1860—1924）教授发表的《东方移民与一般移民问题的关系》[4]，就讨论了如何平衡包括中国在内的东方移民和其他移民。作者意识到，美国西海岸的利益与对东方移民政策的处理密切相关。美国应避免对东方国家的歧视，这对维护与太平洋沿岸州及整个国家的友好关系至关重要。美国难以在排斥中国和日本移民的同时接纳其他种族。1905 年中国抵制美货就是一个由歧视带来严重后果的例子。理想的政策，应是平等地对待所有国家，避免在外交关系中引发不满。虽然中国劳工因低生活标准和高忍耐力对美国工人构成威胁，但其他移民群体也存在类似的情况。美国移民法未能有效应对东方移民的竞争，而《排华法案》等特别立法既不令人满意也不可行。最终，美国可能需要一项实际上排除所有东方移民的政策，但如果能在不特别立法的情况下实现，将有助于避免歧视并保持与亚洲国家的友好关系。[5]

---

[1] 沃森是哈佛福德学院教授，曾任宾夕法尼亚大学社会工作学院院长。

[2] F D Watson. The Spirit of Chinese Philanthropy:Study in Mutual Aid[J]. The American Economic Review,1913(2):435-436.

[3] J Ford. DOCUMENTS,REPORTS,AND LEGISLATION:Demography[J]. The American Economic Review,1915(1):174.

[4] 史密斯是政治学教授，曾任华盛顿大学研究生院院长。

[5] J A Smith. The Relation of Oriental Immigration to the General Immigration Problem[J]. The American Economic Review,1911(2):237-242.

在铁路建设领域，1911年第4期的《美国经济评论》介绍了一份与中国有关的领事报告，这份编号为"48"的特别领事报告专门介绍中国的铁路状况。报告指出，中国当时有5 400英里的铁路正在运营，1 700英里的铁路即将完工，还有13 400英里的铁路正在勘测或审批中，铁路的发展速度缓慢。报告还详细介绍了中国的主要铁路系统。

与铁路建设相关的书评也有出现。徐墀（1886—？）的博士论文《中国的铁路问题》出版后，[1] 温斯顿教授就指出，因其华人身份的认同优势，该研究比其他同类型的书在有争议的问题上更具有说服力和同理心。具体来说，论文很好地描述了中国在建设铁路方面的困境、外国人的竞争，以及由中国知识和经验的积累带来一定程度缓解的过程。此外，该研究还强调了铁路对整个国家生活产生的非凡影响，这种影响不仅在铁路建成后显现，甚至在铁路建成之前就已存在，因为人们对铁路重要性的认识正在形成，政府的政策也因此受到影响。[2]

（二）中国的财政金融与外贸外资研究

延续了上一个时期的特点，中国的财政和外贸问题仍是美国学术界关注的两大热点。一些研究集中讨论某一领域，如魏文彬、陈兆焜、黄汉梁等人博士论文的书评专注于中国历史上的财政金融，缪斯（A. C. Muhse）、亚当斯（Henry C. Adams）等则关注外贸外资问题；另一些研究分析综合性的问题，如朱进博士论文的书评、欧文莱驰（T. W. Overlach）[3] 著作的书评。

魏文彬出版了博士论文《中国的货币问题》，[4] 温斯顿教授指出该研究发现了中国的特异性问题。具体来说，近代中国币制改革的特异性在于深受外国的影响，不得不与其他国家协调，因此受到极大限制。此外，该研究的大部分内容只是简述了中国的货币制度和改革历史，缺少对不发达国家共性问题的具体分析。[5] 从这

---

[1] 徐墀是哥伦比亚大学的博士，曾任职于美国伊利诺伊州中央铁路局、北京京奉铁路总局。

[2] A P Winston. Railway problems in China[J]. The American Economic Review, 1916(1):121.

[3] 宋丽智. 近代西方学界对于中国经济问题的关注(1912—1949):以《美国经济评论》为中心的考察[J]. 清华大学学报(哲学社会科学版),2023,38(5):110.

[4] 魏文彬毕业于哥伦比亚大学，是最早的庚款留美生之一。

[5] A P Winston. The Currency Problem in China[J]. The American Economic Review, 1915(2):362-363.

个评价可以看出，即使是面对中国学者研究的中国经济问题，西方学者也能在一些擅长的研究领域中客观地看待研究成果。

对于陈兆焜出版的博士论文《清代的税收制度（1644—1911）》[1]，温斯顿教授认为该研究很好地概述了清代的税收情况，是一个相当大的成就。具体来说，该研究讨论了从土地税到盐税再到关税的发展过程，厘清了中国混乱、无规则的盐税制度，勾勒了清晰的轮廓。但该书过于简略，并没有描述海关关税及其他虽次要但应提及的税种，如茶税、矿税、当铺税、土地买卖税等。[2]

黄汉梁出版了博士论文《中国的土地税》[3]，温斯顿教授指出该研究引人入胜的地方在于用大量的篇幅概述中国土地财产的历史。具体来说，中国历史上有多次对过度集中的土地进行再分配的过程，这主要是由于统治者法令的要求和战争带来的人口锐减。此外，该研究对于土地税等税收在未来有很大增长空间的观点过于乐观，因为此前的金融体系处于崩溃的边缘，改革后税收的大幅度增长只是虚高。[4]

纽约大学教授霍奇斯（C. Hodges）发表了关于欧文莱驰所著《外国对于中国财政金融的控制》的书评，这是《美国经济评论》上最早一篇针对西方学者研究中国经济问题的著作的相关书评。霍奇斯认为，该书对中国局势的分析并不准确，外国对中国财政金融的控制并不是完全依赖于经济手段。虽然该研究认为各国对中国的控制是出于对自身经济利益的保护，并且能支持中国获得贷款来发展经济，但实际上，除了经济手段外，他们还会采用政治手段和军事手段辖制中国的财政金融。[5]

朱进出版了博士论文《中国关税问题》[6]，温斯顿教授认为该书对于中国解决

---

[1] 陈兆焜毕业于哥伦比亚大学，美国经济学联合会会员，曾任职于北京盐务署、北京大学经济系。

[2] A P Winston. The System of Taxation in China in the Tsing Dynasty:1644-1911[J]. The American Economic Review,1915(1):119-120.

[3] 黄汉梁毕业于普林斯顿大学，曾任民国财政部部长、和丰银行上海分行经理。

[4] A P Winston. The Land Tax in China[J]. The American Economic Review,1919,9(2):359-360.

[5] C Hodges. Foreign Financial Control in China[J]. The American Economic Review,1919(3):543-548.

[6] 朱进毕业于哥伦比亚大学,是第二批庚款留美学生,曾参与创办上海商科大学(上海财经大学的前身)，任校长办公处副主任(副校长)。

关税问题具有很强的现实意义。具体来说，该研究基于对中国关税的历史及现状的分析，讨论了中国贸易自由的可能性。与币制改革深受外国影响类似，中国也缺乏关税自主权，因而不可避免地陷入各种利益纷争。[1]

密歇根大学的亚丹斯教授发表了《外国投资的国际监督》一文，讨论了中国铁路投资管理问题。他认为，投资中国铁路的外国银行财团具有浓重的政治色彩，尽管他们没有所有权，但通常是获取了铁路修建运营的监督控制权和财务控制权，甚至还控制了中国的税收机制，体现了一个国家的权威渗透并控制另一个国家的经济与政治的倾向。由此，亚丹斯提议成立国际委员会负责中国铁路的当前运营和未来建设，提交给委员会解决的大多数问题都可以在不涉及特定国家外交部门的情况下得到回应。[2]显然，他希望通过专注于经济利益的手段来减少国际投资中的矛盾，提高投资的效率，这符合所有国家的共同利益。但需要指出的是，这样的投资要有相对稳定的外部环境来保证政策的具体实施，但中国并不能提供这样的条件。

缪斯发表的论文《中国的贸易组织与贸易管制》，是通过大量案例来分析当时中国的贸易组织情况。文章从纯粹的经济学视角出发，认为中国大规模引进和销售外国产品形成了新的贸易关系和分销关系，其中存在着汇率风险和分销链接风险，应进行一系列贸易管制，如建立反垄断法、商标权法等。[3]从文章引用的例证来看，作者对中国有一定的了解，甚至可能在中国旅居过一段时间，但其对中国贸易情况的判断却有一些自相矛盾的地方。比如，他一方面认为中国政府完全依靠自由竞争和供求规律来调节价格，另一方面又认为政府通过税收干预商业和贸易。显然，这些都表明，的确存在一部分西方学者并没有真正认清中国经济问题的实质，只是简单地将西方的经济理论套用到中国经济问题上进行分析。

总的来说，这一时期随着《美国经济评论》的创刊，西方经济学界开始用专业理论工具来观察中国，越来越多的中外学者开始专注于研究中国问题。从形式

[1] A P Winston. The Tariff Problem in China[J]. The American Economic Review, 1916(4): 928-930.

[2] Henry C. Adams. International Supervision Over Foreign Investments[J]. The American Economic Review, 1920(3): 58-67.

[3] A C Muhse. Trade Organization and Trade Control in China[J]. The American Economic Review, 1916(2): 309-323.

看，从简单的资料介绍到博士论文或专门的书评，再到专题文章，各种形式的研究开始不断涌现。从内容看，这一时期的中国经济问题研究，既包括对某一领域相对简单的介绍，也囊括专注于财政金融和外贸投资等领域的深入探讨。从作者群体看，由中国留学生和知名汉学家共同构成了该时期美国学术界研究中国问题的主力军，两个群体的频繁互动既加深了美国学术界对中国经济问题的认识，也对中国学习西方现代经济理论大有裨益。

结论与启示

近代以来，以《美国经济评论》为领军旗帜的美国经济学界对中国经济议题的深刻剖析与探讨，无疑受到了中美贸易不断扩大的经济浪潮的直接推动。这一潮流不仅鲜明地展现了美国学术界将抽象理论紧密嫁接于实际应用的实践导向学术风尚，还深刻体现了其致力于跨越国界、深究全球经济动态的广阔视野与不懈追求。

细观相关研究资料的类型与特性，我们不难发现，西方学术界对于经济数据与背景信息的搜集与整理工作非常重视。这一重视背后，恰逢经济学领域正经历一场深刻的数学化革命，以熊彼特、萨缪尔森等先驱为代表的经济学家正引领着学科从单一的历史叙事迈向数据统计与数学模型并重的全新范式。这一过程无疑为经济学研究注入了更强的科学性与精确性。

再将目光投向参与这场研究盛宴的学者群体，可以观察到，最初《美国经济评论》对中国经济问题的探索多由西方学者主导，随着时间的推移，越来越多的中国学者开始崭露头角，不仅积极融入学术盛宴，更逐渐成为推动研究深入与扩展的中流砥柱。这一学者身份构成的转变，既是中国在国际学术舞台上话语权逐步增强的生动写照，也是中国学者学术能力与参与国际对话意愿日益增强的有力证明。

擦肩而过与探险偶识
——开埠前西方对上海的探索

◎ 杜佳峰[*]

摘　要： 上海既是首批开埠口岸，也是五口通商中最晚被英国探索认知的口岸。一方面，在探索发现上海过程背后，呈现了 19 世纪工业革命发展中英国的三个特征：国际贸易上的"自由主义"，传教活动中自诩为"文明传播"，外交上"舰炮外交"进行有限度的武力威慑。每个特征分别对应：乾隆嘉庆两朝英国三次遣使来华通商失败，错过发现上海；19 世纪 30 年代传教士郭实猎三次赴中国沿海成功传教，探索上海；第一次鸦片战争攻陷上海及之后的上海开埠。另一方面，三次英使错过与三次传教偶遇，反映了探索上海的过程充满了曲折与偶然。

关键词： 利玛窦　英国访华使团　郭实猎　"阿美士德"号　吴淞之战

"自由贸易""文明使命"和"舰炮外交"是 19 世纪英国攫取世界霸权的有效方法。19 世纪英国进入所谓"自由贸易"阶段，凭借率先完成工业革命带来的生产力优势，通过国际贸易的渠道，输出廉价工业品，交换宝贵的海外资源。与

* 杜佳峰，现任职于上海财经大学商学院，北京大学历史学博士，北京大学哲学博后，研究方向为城市经济、海派商业史，电子邮箱：dujf@mail.shufe.edu.cn。

之前直接占领殖民地（印度、澳大利亚、北美、南非）相比，工业革命技术优势的获利超过了直接占领殖民地的收益。那么，这一时期英国的新特点是热衷于打开海外市场、通过贸易扩张帝国势力，而不是之前那样大规模占领扩张海外殖民地。

英国人自诩为"文明使命"，这就可以把征服者和殖民者的身份合理化为"开化者"。英帝国拓展世界商业版图的进程跟随着传教士在各大洲传播福音的脚步，国内开办传教士学校，提供资金支持。某种程度上，传教士成为英国贸易扩张的急先锋，当然，传教士的"文明使命"也有人道主义运动和废除奴隶制的积极效果。

英国"舰炮外交"的本质，是通过有限的武力威慑迫使其他国家屈服于英国"自由贸易"的不对等贸易体系。1840—1842年的鸦片战争就是这样的案例，它不以长期大范围占领外国领土为目的，而以袭扰、破坏、封锁为目的，是有限规模的局部战争。英国在进行鸦片战争的同时，还在阿富汗、新西兰、南非、缅甸等地进行着类似的局部战争，其目的几乎都是迫使当地政府屈服进入英国主导的不对等的国际贸易体系或是获取更多的特权与利益。

上海正是在这样的背景下被英国发现，英国也直到19世纪30年代才发现上海。而且，比起其他四个通商口岸，西方人很晚才发现上海。上海是五个首批开放口岸中最不起眼的：当时上海仅是县府，而同为五口通商的广州已是省会；上海的黄浦江内河港不如宁波、厦门是位于海湾的优良海港；《南京条约》谈判中，"钦差大臣耆英对福州是否开埠问题，还与英国代表讨价还价一番，但对于上海开埠，则一口应允"[1]，可见上海不如福州重要。上海的土地被称为"上海滩"，仅略高出海面，经常受到潮汐涨落与水灾内涝的困扰。

为什么英国要选择上海作为通商口岸？因为英国人一经发现上海，马上就认识到上海在未来海运贸易中将具有巨大的优势。在1831年第一次探访上海时，传教士郭实猎（Karl Gützlaff，1803—1851）[2]写下："我们到达长江口，岸边上海县城是南京和整个江南省的商业中心；就国内贸易而言，可能是帝国主要的商

---

[1] 熊月之,主编.袁燮铭.上海通史:第3卷:晚清政治[M].上海:上海人民出版社,1999:12.
[2] 郭实猎在中国近代史上也称为郭士立、居茨拉夫，但他本人使用的中文签名是郭实猎。关于其名字的考证，可参见李骛哲.郭实猎姓名考[J].近代史研究,2018(1):138-148.

业城市。"[1]1832 年 6 月 21 日，郭实猎第二次探访上海，他引领着英国东印度公司考察船——"阿美士德"（Lord Amherst）号闯入吴淞口。在黄浦江航行时，同船的英国东印度公司代表林赛（H. Hamilton Lindsay）对上海发出了相见恨晚的惊叹："这个地区的自由贸易，对于外国人，尤其对英国人的好处是不可估计的"[2]，"这一地区对外贸易方面所拥有的特殊优越性，过去竟然未曾引起相当注意，是十分令人奇怪的"[3]。这些 19 世纪西方人对上海认知的第一印象，预示着后世上海在国际贸易中的优势。

学界对于"开埠前后西方探索认知上海"的问题，已有的研究从不同角度对它进行了表述：早期西方人的上海观[4]、明末清初西方人在上海的经历与开埠以前英商考察上海[5]、英美侨民"发现"上海[6]、北部开港运动[7]、"为什么是上海？"[8]。从这些前辈学者的研究中，可以提炼出一条西方探索和认知上海四个阶段过程的线索。

---

[1] Charles Gutzlaff. Journals of Three Voyages along the Coast of China in 1831, 1832, & 1833[M]. London: Frederick Westley and A. H. Davis, 1834:101.

[2] Report of proceedings on a voyage to the northern ports of China in the ship lord Amherst [R]. London, 1833:168；另见胡夏米."阿美士德"号 1832 年上海之行纪事//张忠民, 译. 上海研究论丛：第 2 辑. 上海：上海社会科学院出版社, 1989:269-287.

[3] 《上海港史话》编写组. 上海港史话[M]. 上海：上海人民出版社, 1979:29.

[4] 熊月之在"早期西方人的上海观"中考察了明末清初耶稣会士利玛窦、郭居静和潘国光在上海的活动，其后是胡夏米乘坐"阿美士德"号对上海的探查，最后是 1843 年英国植物学家福春在《中国游记》中对上海的描述，参见熊月之, 周武. 上海：一座现代化都市的编年史[M]. 上海：上海书店出版社, 2009:46-51.

[5] 熊月之. 异质文化交织下的上海都市生活[M]. 上海：上海辞书出版社, 2008:7-10+10-15.

[6] 李志茗提出 1832 年英国才偶遇上海，并"发现"了上海，这次偶遇就是"阿美士德"号沿中国海岸线北上的考察，他们对上海印象是襟江带海、水运发达、港口贸易相当繁忙。参见李志茗. 发现·建设·居留：英美侨民与 19 世纪的上海//周武, 主编. 上海学：第三辑. 上海：上海人民出版社, 2016:295-298.

[7] 郭卫东提出 1757 年乾隆下旨广州一口通商，不允许西方商船北上厦门、福州、宁波进行贸易，而英国人也把广东以北称为"北部"，因此有了"北部开港运动"。郭卫东指出，这场贸易运动包含1759 年洪任辉事件、19 世纪初鸦片商马地臣闯关走私、1832 年"阿美士德"号考察等。参见郭卫东. 鸦片战争前英国在华进行的"北部开港运动"[J]. 广东社会科学, 2003(3):80-88.

[8] 白吉尔在书的第一章第四节"为什么是上海？"中，提出不同时期外国人对上海的认知：其一是直到 19 世纪初上海没有引起外国人的注意；其二是 1832 年胡夏米乘坐"阿美士德"号考察后，上海的信息才在西方传开；其三是英国首任驻沪领事巴富尔称赞上海扼守广阔长江流域的出海口，是连接内地各省市场的通道；其四是 1841 年鸦片商查顿（William Jardine）敦促英国国会研究上海港发展国际贸易的前景。参见白吉尔. 上海史：走向现代之路[M]. 王菊, 赵念国, 译. 上海：上海社会科学出版社, 2014:12.

米棉田园：利玛窦的沪上印象

17 世纪上半叶，耶稣会士来华，上海通过耶稣会士的记述第一次进入了欧洲人的视野。这一时期，西方对上海的认知更多是耕织物产、城市田园，而非后世英国眼中的贸易良港。

这一时期的主要记录是利玛窦留下的。利玛窦与上海人徐光启交往密切。徐光启是进士出身，又是明末朝廷大员，因此其家族在上海名声显赫。徐光启在利玛窦的受洗下皈依了天主教，又在利玛窦的引荐下将意大利耶稣会士郭居静（1560—1640）请来上海。1608—1611 年，郭居静在上海传教。郭居静之后，是另一位耶稣会士潘国光（1607—1671），他使上海天主教信徒的数量成为全国之最。在徐光启后代的支持下，潘国光在上海传教 28 年。到了 1655 年，松江有教堂66 所，信徒 5 万多人；上海有 2 座大教堂，信徒 4 万人。1665 年，汤若望冤案发生，全国传教士被拘送至广州。1671 年，冤案平反，潘国光却不久后就病逝于广州。

"米棉之县"和"花园城市"是郭居静和利玛窦对上海的印象。当时，大运河是南北物流的主干线，镇江作为大运河渡过长江的口岸，地位远高于上海。而上海"是一个不很重要的城市，被称为县或县城。它离南京皇城约一百四十四意大利里，北纬二十九度，离东海不远，在朝鲜这一边，并且因距日本列岛过近而为居民所不喜欢。顺风时乘船渡过海峡可在二十四小时之内到达日本"[1]。

上海的物产情况是，"这一地区盛产米和棉，棉可做各种布，据说此地织工有二十万。布匹出口到北京皇宫和其他省份。这里的人，特别是城里人，都非常活跃，不大稳定，头脑聪明"[2]。

上海的县城田园风景是，县城有 2 英里长的城墙，"城市周围是一片平坦的高地，看起来与其说是农村，不如说是一座花园大城市，塔和农村小屋、农田一望无垠"，这一片外围有 2 万户人家，与上海城市、近郊人口一起估计有 30 万人。[3]

---

[1] 利玛窦,金尼阁.利玛窦中国札记[M].何高济,等,译.北京:中华书局,1983:597-598.
[2] 利玛窦,金尼阁.利玛窦中国札记[M].何高济,等,译.北京:中华书局,1983:597-598.
[3] 马学强.上海通史:第 2 卷:古代[M].上海:上海人民出版社,1999:350.

17 世纪前半叶，正值明清改朝换代之际，上海周边地区遭遇了扬州十日和嘉定三屠（1645 年）等浩劫，人民流离，经济凋敝。当时，对外滩的描述是，外滩位于上海县城外的北侧，开埠前这里是一片河浜纵横、芦苇丛生的农地，"原其地虽经土人垦殖，然一望荒野。滨江数里间，绝少村落，惟见古木蒨葱，阡陌纵横，与夫一二茅屋，点缀于清流绿树间耳"[1]。

明末清初，来华耶稣会传教士在信札中记述了欧洲人对上海最初的认知，但这些认知并没有在西方引起关注，对大部分西方人来说上海仍处于未知状态。

英使与上海的三次擦肩而过

在清代乾隆与嘉庆两朝时，英国工业革命后工商业崛起，渴望全球贸易。英国三次派遣商务代表或政府使团来华（1759 年、1792 年、1816 年），要求开放宁波、天津等港口，确定关税，但是对于上海均未提及。沿大运河从北京到杭州返程途中，访华使团从扬州—镇江过长江到达杭州，再从陆路回广州，三次都与上海擦肩而过。

英使来华前，清朝的沿海港口的基本情况是设立四海关。1683 年（康熙二十三年）统一台湾后，开放海禁，后数年内设立了四海关：粤海关（广州）、闽海关（福州）、浙海关（宁波舟山）、江海关（上海）。自 1684 年设立四海关到 1757 年乾隆下旨仅开放广州一口通商，欧洲商船是可以自由选择海关贸易的。"据不完全统计，从 1644 年清朝建立到 1704 年，这六十年间英船到厦门有 36 船次，到广州有 9 船次，到舟山 5 船次，到福州、宁波各 1 船次。"[2]

上海和江海关[3]，外商船只从未抵达，来往的都是中国商船的贸易，主要是由沙船和鸟船主营的南北货贸易，运入北方的豆、麦，运出江南的布、茶，转运闽粤的糖。"自康熙廿四年开海禁，关东豆麦每年至上海者千万余石。而布茶各南

---

[1] 裘昔司.上海通商史[M].程灏,译.上海商务印书馆,1927:10；转引自苏智良.上海城区史:上册[M].上海:学林出版社,2011:258.

[2] 郭卫东.鸦片战争前英国在华进行的"北部开港运动"[J].广东社会科学,2003(3):87.

[3] 有关江海关的研究,参见周育民.从江海关到江海新关(1685—1858)[J].清史研究,2016(2):134-143.

货至山东、直隶、关东者亦由沙船载而北行。"[1] 乾隆年间，仅北方大豆的豆税银就占江海关关税 30%～40%，最多的时候能占到 50% 以上。[2]

当时，上海港主要有五条航线。第一条是运量最大的北洋航线，上海至牛庄（营口）、天津和芝罘（烟台），1825 年（道光五年）大运河淤塞难行，部分漕粮改由海运。第二条是南洋航线，上海至浙江、福建、台湾和广东。从上海启航的沙船平底吃水浅，适航多浅滩、暗沙的北洋；鸟船、蛋船圆底吃水深，适航多礁石的南洋，上海成为南北洋换船的港口。第三条是长江航线，上海至镇江、南京、安庆、九江和武汉。第四条是内河航线，联通太湖水系的城镇，如苏州、嘉兴等。第五条是国外航行，仅是华人华侨的商船来往日本、朝鲜、菲律宾、暹罗（泰国）、马来西亚等。[3]

沙船

船型扁浅狭长，准长方体的形制，即平底、方首、方尾；具有蹼足水鸟型宽阔后体，即水面下水线面前部较窄、后部较宽；水面上呈船头低、船尾高的体态。舵楼位于船尾，尾部舷墙是船头两倍，利于海上航行。（图片摄于上海市闵行博物馆）

（一）第一次擦肩而过——1759 年洪任辉事件

1757 年，乾隆颁布旨意，西方商人限于广州一口交易。于是，英国东印度公司派遣通事（翻译员）洪任辉（James Flint）[4] 乘船一路北上，到宁波、天津等地，提交诉状，控告粤海关贪污勒索，提出取消规礼银的陋规、修改 6% 进口税、

1　包世臣.安吴四种·中衢一勺:卷 1:海运南漕议,转引自周育民.从江海关到江海新关(1685—1858)[J].清史研究,2016(2):135.
2　廖声丰.清代常关与区域经济研究[M].北京:人民出版社,2010:133.
3　《上海港史话》编写组.上海港史话[M].上海:上海人民出版社,1979:17-20.
4　有关洪任辉事件的介绍和研究,参见冯佳.1759 年洪任辉事件所见清中期治理的制度困局:以 6% 加征和 1950 两规礼为中心[J].海交史研究,2022(3):102-113.

重新开放宁波口岸等要求,最终"洋人告御状"事件引起了乾隆的关注与担忧。[1]其结局是清廷处分了相关海关污吏,却以内外勾结罪严查严办与洋商有关的中国官民,枭首、杖毙、充军了多名中国商人,还把英商通事洪任辉在澳门圈禁三年。

乾隆硃批:"该商从前所告情节在监督等既审有办理不善之处,即按法秉公处治;念尔外夷无知,虽各处呈控,尚无别情,可以从宽曲宥。现在审出勾串内地奸民代为列款,希冀违例别通海口,则情罪难于宽贷。绳以国法,虽罪不至死,亦当窜处远方,因系夷人不便他遣,姑从宽在澳门圈禁三年。"[2]

洪任辉事件涉及了广州、宁波、天津等多地,但上海与江海关均未被牵连。这表明英国商人仅了解中国沿海几个传统对外贸易海港的方位,对长江之内的河港尚不了解,也表明了清朝最高统治者对地方官民与外国交往的高度警惕与强烈反对。

(二) 第二次擦肩而过——1792 年马嘎尔尼使团访华

当时英国面临的国际局势,既有 1783 年美国独立战争失败后的不利,也有 1789 年法国因大革命国内混乱失去与英国海外争霸的有利。1792 年 9 月 26 日,英国派遣马嘎尔尼使团从朴茨茅斯港出发访华。[3] 使团主使是马嘎尔尼(George MaCartney, 1737—1806),副使是斯当东(George Leonard Staunton, 1737—1807),随团有天文学家、植物学家、医生和画师共计 600 余人,分乘 3 艘船只,载 590 余件天文仪器、纺织机、车船模型,途径巴西、好望角、雅加达,于 1793 年 6 月 19 日到达澳门。使团又以船载向乾隆祝寿的珍贵礼物为由,直接从天津上岸,于 8 月 21 日到达北京,9 月 14 日在承德避暑山庄觐见了乾隆。

马嘎尔尼提出的要求有:派英国商务官驻京,允许英国商船在宁波、舟山、天津等港口停泊交易,划舟山附近一岛屿为英国商站,但都遭到乾隆的拒绝。[4]

---

[1] 马学强.上海通史:第 2 卷:古代[M].上海:上海人民出版社,1999:351.

[2] 乾隆二十四年十月十九日 李侍尧奏折,转引自陈东林,李丹慧.乾隆限令广州一口通商政策及英商洪任辉事件述论[J].历史档案,1987(1):98.

[3] 关于马嘎尔尼使团访华的论述,参见昝涛.商业文明、世界知识与海洋秩序:反思多维视野下的马嘎尔尼使华事件研究[J].新丝路学刊,2021(1):1-29;熊蕾.马嘎尔尼使团访华之疑[J].炎黄春秋,2022(10):87-90;何伟亚.怀柔远人:马嘎尔尼使华的中英礼仪冲突[M].邓常春,译.北京:社会科学文献出版社,2019.

[4] 萧一山.清代通史[M].北京:商务印书馆,2019:764-765.

马嘎尔尼使团的返程，是由京杭大运河南下到杭州，再由陆路返回广州（1793 年 12 月 18 日）。由于上海不在京杭大运河沿岸，使团错过了发现上海的机遇。

（三）第三次擦肩而过——1816 年阿美士德使团访华

当时英国面临的国际局势是：1815 年滑铁卢战役后英国取得了拿破仑战争（1803—1815 年）的最终胜利，英国政府再次把精力投入开拓东方贸易。英使阿美士德勋爵（Lord William Pitt Amherst）来华[1]，其来华路线与马嘎尔尼使团几乎一致。1816 年（嘉庆二十一年），阿美士德使团 2 月 8 日从英国出发，经过 5 个月的航行，于 7 月 28 日到达白河口，8 月 9 日在塘沽上岸，8 月 13 日到达天津，8 月 20 日到达通州，8 月 29 日到达北京圆明园。由于礼仪之争被驱逐，使团未能觐见嘉庆，也未能提交国书。最终，使团由陆路南下返回广州，路线和马嘎尔尼使团一致，又一次与上海擦肩而过。

三批英国的商务代表和政府使团来华，所提出的通商要求均未提及上海。"事实上，直到马嘎尔尼、阿美士德相继使华，西方人对上海的了解还很少。在几次提到的通商口岸中，都没有'上海'的名字。"[2] 由此可见，上海尚未进入西方人的视野。

上海既不滨海又不临江，而是深藏在长江支流之畔；虽然通过苏州河（吴淞江）与江南经济重镇苏州水路相连，但又不直接位于大运河沿岸。这就是上海未被探知、三次英国使团均与上海擦肩而过的原因。

上海的两个简称"沪"和"申"，分别与两条母亲河——苏州河、黄浦江有关。"沪"源于"沪渎"，古人把吴淞江[3]下游河段称为沪渎，东晋吴郡太守袁松山在此修建了海防堡垒——沪渎垒；另一种说法是沪的繁体字"滬"，与本地渔民竹编鱼笼"扈"有关。"申"源于春申君的传说，认为上海最早是楚国春申君黄歇的封邑，黄浦江本名"黄歇浦"，"浦"即"江"，故称"黄浦"，目前约

---

[1]　埃利斯.阿美士德使团出使中国日志[M].刘天路,刘甜甜,译.北京:商务印书馆,2021.本书是使团书记官、副使亨利·埃利斯的私人日记,记载了其出使途中的见闻。

[2]　马学强.上海通史:第 2 卷:古代[M].上海:上海人民出版社,1999:353.

[3]　因为吴淞江的航道可以通苏州,所以开埠后被外国人称为苏州河(Suzhou Creek)。

定俗成称为"黄浦江"。[1]

上海的两条母亲河[2]，带来了航运便利。黄浦江码头是一个连江通海的深水内河港。江面宽阔，下游宽八百多米；航道较深，万吨轮可进出；流速较缓，潮差不大，常年不冻，四季通航；河底泥土细软，是良好锚地；两岸地势平坦，适合码头仓库；内河远离海口，即使遇台风，船舶仍安全无虞。开埠之前，上海港集中于南起董家渡北至十六铺码头之间[3]，是一个优良的深水河港，避开了长江与黄浦江交界宝山地区吴淞口的"三岬水"（风急、浪高、涌险）。

传教士郭实猎三探上海

清朝中期的广州作为一口通商的"天子南库"，以十三行专营模式进行外贸。清朝的"闭关锁国"是针对民营的，不针对官营，其实质是政府垄断外贸获取超额利润，但它也在一定程度上隔绝和延迟了西方对中国的认知与觊觎。18 世纪末19 世纪初，清朝面对的是鼎盛时期英帝国的巨大压力，英帝国已经殖民了印度、非洲、澳大利亚、加拿大等地方，成为日不落帝国，然而在清朝一口通商政策下，上海对于英国来说仍是一片未知的领域。

到了 19 世纪 30 年代，传教士和英国商人发现了上海。传教士在"文明使命"信仰感召下，英国商人在"自由贸易"利益驱使下，英国议会在"炮舰外交"（Gunboat Diplomacy）对外恫吓下，两次探险考察中国沿海港口，不断冲击清朝对外贸易限制，迫使中国开放。

（一）一探上海——1831 年郭实猎的乔装传教

郭实猎（Karl Friedrich August Gützlaff，1803—1851）是一个普鲁士传教士。1826 年 12 月，他受荷兰传道会派遣，到巴达维亚（印度尼西亚的雅加达）

1　葛剑雄.上海极简史[M].上海:上海人民出版社,2019:37.
2　"到底谁是上海的母亲河？我认为这两条河都是。可以讲，没有黄浦江、苏州河，就没有现在的上海"，参见葛剑雄.上海极简史[M].上海:上海人民出版社,2019:39.
3　《上海港史话》编写组.上海港史话[M].上海:上海人民出版社,1979:20.

传教，发现南洋有大量华人华侨，于是苦学汉语（闽南语）。1828年8月，他不服从荷兰传道会的指派，毅然与伦敦会的汤雅各一起前往暹罗（泰国）的曼谷传教，成为第一批在暹罗布道的新教传教士。19世纪，暹罗与清朝保持密切的海上贸易，每年有30～40艘中国商船抵达曼谷。据汤雅各估计，1828年曼谷城人口约为77 000人，其中华人就有36 000人，可见华人在暹罗数量众多。在暹罗，郭实猎既会讲汉语又能行医问诊，很受华人船长、水手的欢迎。[1]

1829年下半年，郭实猎被派往马六甲和新加坡传教。他和李玛環（Mary Newell）结识、热恋，并于1829年11月26日在新加坡结婚。李玛環是伦敦会派往东南亚的第一位女传教士，这对传教伉俪于1830年2月回到暹罗。在新婚的一年时间里，两人编撰了部分《英汉字典》，用中文文言文写了基督教小说《赎罪之道传》和《常活之道传》。[2] 1831年，李玛環难产病逝，一对女婴也先后夭折。妻女的离世，沉重地打击了郭实猎的身心，他以为自己时日不多，便怀着主动赴死之心搭乘中国商船前往中国沿海传教。内心煎熬转化为宗教狂热，他抛下了一切，投身于中国事业中。

"我生命中最重要的时刻现在已经来临；上帝必须行动起来，否则我就必须去死！中国不会一直承受撒旦承重的枷锁，强大的耶稣能够并且会打开一扇门，一扇黑暗势力无能为力的门。上帝的承诺，对中国也不会缺席。"这不是传教士的使命，更像是殉道者的咆哮。[3]

1831年6月，郭实猎搭乘"顺利"（Shunle）号中国商船探访中国沿海。[4]"顺利"号的船长是福建人，船在暹罗建造，执照在广东，船的载重约为250吨，能承载50人，"船上的货物有苏木、糖、胡椒粉、羽织品、印花棉布等"，最终

1 李鹜哲.郭实猎在暹罗的活动与他对清政府海禁的突破[J].中山大学学报（社会科学版）,2023(1):110-122.

2 李鹜哲.郭实猎在暹罗的活动与他对清政府海禁的突破[J].中山大学学报（社会科学版）,2023(1):116.

3 李鹜哲.郭实猎在暹罗的活动与他对清政府海禁的突破[J].中山大学学报（社会科学版）,2023(1):117-118.

4 杨佳智.郭实猎其人及其在早期对华传教活动中所扮演的角色和影响//"传教运动与中国教会"学术研讨会论文集.北京:宗教文化出版社,2007:97；温馨.19世纪来华德国人与中国"文明化"：以郭实猎、李希霍芬、福兰阁为例[D].北京:北京外国语大学,2016.

目的地是天津。[1]

1831 年 7 月 30 日到达厦门（Amoy）[2]；8 月 20 日到达长江口[3]；8 月 23 日经过山东半岛（Shangtung Promontory）最东端（北纬 37 度 23 分）；不久后，来到白河（Pei-ho）河口，登陆天津（Teen-tsin）。10 月 17 日，郭实猎离开天津，先在辽东半岛游弋，然后南下。12 月 12 日或 13 日，返回澳门，郭实猎受到了马礼逊夫妇的款待。"晚上八点左右，郭实猎先生穿着一身中式服装出现在了我家。因为在登陆时坠入海中，他此时湿淋淋的，并且冷得瑟瑟发抖。我们重新给他穿上了欧洲的服装，像对待兄弟和同事一样款待他。"[4]

"我们到达长江口，岸边上海县城是南京和整个江南省的商业中心，就国内贸易而言，它可能是帝国主要的商业城市。这里的布局很有品位；庙宇非常多；房屋整齐而舒适；居民彬彬有礼，举止谦卑。这里和宁波一样，贸易主要由福建人运输。每年有超过千艘小型船多次往返于北方，运走丝绸和其他江南制造的商品，运回大豆和医用药品。有些福建人的戎克船会前往印度群岛，然后载回大量的贵重的货物。"[5]

这段话是传教士郭实猎 1831 年搭乘福建商船第一次探索中国沿海城市，在发现上海时记录的。虽然记录十分简略，但已反映了欧洲人眼中上海县城最主要的两个特征——商业中心、航运港口。郭实猎对上海的第一印象代表了 19 世纪 30 年代欧洲人对上海特征的基本认知。

---

[1] 关于"顺利"号中国商船的情况，可参见李鹜哲.郭实猎在暹罗的活动与他对清政府海禁的突破[J].中山大学学报(社会科学版),2023(1):119."顺利"号中国商船的船长姓名存在争议，有称"辛顺"，可参见李鹜哲.郭实猎在暹罗的活动与他对清政府海禁的突破[J].中山大学学报(社会科学版),2023(1):119；也有称"林炯"，可参见石浩.西方传教士郭实猎对近代中国的三次沿海航行及其影响[D].南昌:江西师范大学,2017:14.

[2] Charles Gutzlaff. Journals of Three Voyages along the Coast of China in 1831,1832, & 1833[M]. London:Frederick Westlley and A. H. Davis,1834:92.

[3] Charles Gutzlaff. Journals of Three Voyages along the Coast of China in 1831,1832, & 1833[M]. London:Frederick Westlley and A. H. Davis,1834:101.

[4] Dr Morrison. A Letter of Dec. 22,1831//The Missionary Register[M]. London:R. Watts,Crown Court, Temple Bar,1833:35.

[5] Charles Gutzlaff. Journals of Three Voyages along the Coast of China in 1831, 1832, & 1833[M]. London: Frederick Westlley and A. H. Davis, 1834:101.

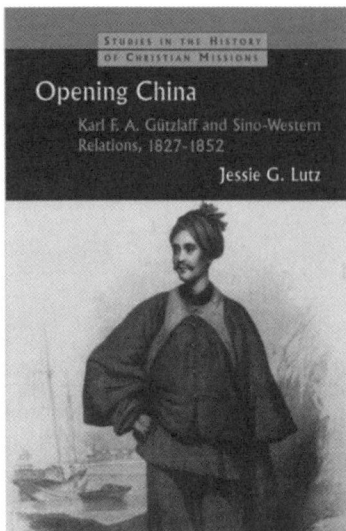

郭实猎的乔装打扮

　　现代研究郭实猎的一本著作，封面是1835年郭实猎乔装打扮成中国水手的速写画。

（资料来源：李骜哲. 图像中的郭实猎［J］.清史研究，2020（3）:147-156.）

　　19世纪30年代，西方人在华活动范围被限定在澳门和广州城外的十三行。但1831年郭实猎乔装打扮，身着中式服装，佩戴假辫子，乘坐戎克船到中国沿海游历，途径上海、天津。这次游历被西方人认为是一次壮举。

　　与同时代的外国传教士相比，郭实猎能突破海禁、探访中国的原因是："从暹罗到中国，郭实猎自1828年至1831年的传教和探险活动向我们展示出东南亚庞大的华侨群体在鸦片战争以前与中国内地密切的联系，而长期处于人们视觉边缘的暹罗，极有可能是其中非常重要的一环。这似乎也可以解释，为什么当马礼逊在广州、澳门坚守商馆二十余年而难有突破，米怜、麦都思等缺少与南洋华人华侨接触的传教士更是只能退守马六甲等地之时，郭实猎却能取道暹罗，通过看病的方式结识华侨，另辟蹊径，最终打开中国的大门。"[1]

　　（二）二探上海——1832年"阿美士德"号[2]之行

　　"考虑到这个地方对外洋贸易的特殊利益，它至今未引起更多的关注真是令

---

[1] 李骜哲.郭实猎在暹罗的活动与他对清政府海禁的突破［J］.中山大学学报（社会科学版）,2023（1）:122.

[2] 关于"阿美士德"号在中国沿海的航行和侦查的概述，参见唐振常.上海史［M］.上海:上海人民出版社,1989:113-115;另见张德昌.胡夏米货船来华经过及其影响//陶孟和,等.中国近代经济史研究集刊,北京:国家图书馆出版社,2008:60-79;胡夏米所写"阿美士德"号考察报告的中译本，参见胡夏米."阿美士德"号1882年上海之行纪事//上海研究论丛:第2辑.上海:上海社会科学院出版社,1989:269-287.

人惊讶。之所以重要，主要原因在于它具有优良的港湾和宜航的河道，由此而及，上海事实上已成为长江的海口和东亚主要的商业中心，它的国内贸易远在广州之上。……从这里，无数宜航水道彼此沟通，四通八达，纵横交错。因此，该江看来可视作沟通连接帝国最遥远地区的宽敞水道。……外国人特别是英国人如能获准在此自由贸易，所获利益将难以估量。"[1]

1831 年郭实猎从中国沿海探险归来，引起了轰动，英国东印度公司的林赛主动找到他，聘请他担任第二年"阿美士德"号考察船对中国沿海探索的向导、翻译和医生。

1832 年，英国东印度派遣"阿美士德"号对中国沿海进行实地考察。船上有三位关键探索者，林赛、郭实猎和船长。林赛（H.Hamilton Lindsay）是此次考察的东印度公司代表，原为广州英国商馆的职员，化名为"胡夏米"；郭实猎是特聘的翻译、医生和向导，化名为"甲利"[2]；船长礼士（Rees）是一位"指挥官、能干的水手和测绘员，热衷于测绘港口地形和水文情况"[3]。绘制航海图是这次东印度公司来华的主要任务。

此次航行于 1832 年 2 月 25 日从澳门出发，3 月 27 日到达福建南澳，4 月 2 日到达福建厦门，之后到达福州，5 月 25 日到达舟山，接着在宁波停泊，6 月 19 日到达扬子江入海口，6 月 20 日到达吴淞口，7 月到达山东威海卫，之后北上朝鲜、日本，最终于 9 月 4 日返回澳门。

考察船一路北上，途径厦门、福州（港外的南澳）、宁波时，已被闽浙地方官员察觉，将此事上奏朝廷："船中共有七十余人，内有胡夏米、甲利二人，略晓汉语，粗识汉字。据称由英吉利装载呢羽等货，价值数十万两，欲往日本国销售，因在洋遭风，桅索损坏，不能驾驶，乘风漂至。"[4]

1832 年 6 月 20 日，考察船抵达吴淞口外；6 月 21 日清晨，林赛带人换小船准备溯江而上登陆。他详细记录了航道信息，测量了水文："在进入黄浦江约一

[1] 转引自熊月之.异质文化交织下的上海都市生活[M].上海:上海辞书出版社,2008:14.
[2] 郭实猎的姓名英译为 Charles Gutzlaff,因 Charles 的发音近似"甲利",故化名为"甲利"。
[3] Charles Gutzlaff.Journals of Three Voyages along the Coast of China in 1831, 1832, & 1833[M].London:Frederick Westlley and A.H.Davis,1834:154..
[4] 道光十二年五月初一,朱批闽浙总督魏元烺折,参见许地山.达衷集:卷上[M].北京:商务印书馆,1931.

英里有一城镇——吴淞镇，吴淞口因此得名，而且进出黄浦江船只需在此交验船照"，吴淞炮台和沿岸守军鸣枪示警，但林赛仍强行闯入，"不论怎么说，这都是中国最优良、最宜航行的河流"[1]。

关于上海的主要农耕物——米麦和棉花的记录。"江岸两边一马平川，河渠纵横交错，土地精耕细作，与荷兰几有异曲同工之妙……时值麦收，人民都忙碌于收割。土地看来都分成小块经营，因为在每家农舍前都有妇孺将地里运回的麦子脱粒、扬净。当地的植棉十分普遍，是中国商品性棉业生产的最主要地区。"[2]

关于上海商业的记录。1832 年 6 月 21 日下午四点半，"终于到了驰名的商业中心上海，城外江面上停泊着无数大小、样式不一的中国帆船，清楚地表明她的商业名声丝毫未被夸大。"[3] 看到了城里熙熙攘攘的人群和店铺，发现有销售欧洲羊毛制品的店铺，这比他们去过的其他中国城市多得多。"我们从不同店铺打听到货品价格，和宁波十分相似。我猜想，大概只有在这些内地城市中，欧洲货才有如此昂贵的价格，大概是'羽纱每丈 4～5 银元，每匹 56～70 元；特级绒面呢每丈 9～11 元，每匹 38～46 元；哔叽每匹 12～16 元'。"[4]

关于进入上海县城的记录。"县城东门外天后宫上岸，被领进了天后宫的大庙。"进了城，林赛、郭实猎拜见了上海道台吴其泰，并与地方官员交涉，提交了禀文书信。

6 月 20 日—7 月 8 日，"阿美士德"号在上海停泊了 18 天。他们统计了上海港进出的商船数据：最初 7 天，差不多有 400 艘船只经由吴淞驶入上海，船只大小为 100～400 吨不等，大部分是四桅的北方木船，载满了面粉和大豆；之后，南方来的商船每天有 30～40 艘，既有来自福建的，也有来自台湾、广东、琉球、安南、暹罗等地的。他们侦查了吴淞口炮台的武备兵力情况后作出评估："在亲眼目睹上海的帝国军队之后，我深信只要有五十个训练有素而坚毅的人，甚至可以更少一些，

1 胡夏米,张忠民."阿美士德"号 1832 年上海之行纪事//上海研究论丛:第 2 辑.上海:上海社会科学院出版社,1989:170.

2 胡夏米,张忠民."阿美士德"号 1832 年上海之行纪事//上海研究论丛:第 2 辑.上海:上海社会科学院出版社,1989:170-171.

3 胡夏米,张忠民."阿美士德"号 1832 年上海之行纪事//上海研究论丛:第 2 辑.上海:上海社会科学院出版社,1989:171.

4 胡夏米,张忠民."阿美士德"号 1832 年上海之行纪事//上海研究论丛:第 2 辑.上海:上海社会科学院出版社,1989:175.

就足够打败我们现在所见到的人数更多的中国军队。"[1]

7月1日,林赛和郭实猎登陆崇明岛。他们对于这座长江口最大的冲积岛颇感兴趣。

9月5日,"阿美士德"号回到澳门。林赛和郭实猎在报告中是这样评估上海的:

"考虑到这个地方对外洋贸易的特殊利益,它至今未引起更多的关注真是令人惊讶。之所以重要,主要原因在于它具有优良的港湾和宜航的河道,由此而及,上海事实上已成为长江的海口和东亚主要的商业中心,它的国内贸易远在广州之上。……从这里,无数宜航水道彼此沟通,四通八达,纵横交错。因此,该江看来可视作沟通连接帝国最遥远地区的宽敞水道。……外国人特别是英国人如能获准在此自由贸易,所获利益将难以估量。"[2]

报告还强调"这一地区在对外贸易方面所拥有的特殊优越性,过去竟然未曾引起相当注意,是十分令人奇怪的"[3]。

第二次航行不仅是传教士的探险,更因东印度公司代表、测绘海图的船长参与,进行了系统性的航道测绘与港口考察。本次考察在上海港就花费了15天时间,还走访了上海县,探查了吴淞口炮台武备,登陆了崇明岛,掌握了上海商业和航运的一手材料。

(三)三探上海——1833年"气精"号之旅

郭实猎计划为传教事业创办一份中文杂志《东西洋考每月统记传》,而怡和洋行的查甸(William Jardine)以资助创刊为由邀请郭实猎指引商船探索中国沿海。"说了这么多,我们只想再说,对于您此行以船医和翻译身份所提供的服务,我们愿意付给您应得的报酬。而此次远航获利愈多,我们所能付给您的报酬就愈多。这笔钱对于进一步实现您心中伟大的目标或许能派上用场。我们对于您的事业深感关切,并期盼您成功。"[4] 另一位商人马地臣(James Matheson)也许诺为

1 英国议会文件:中国部分:1833年(410号):207,转引自唐振常.上海史:119.
2 转引自熊月之.异质文化交织下的上海都市生活[M].上海:上海辞书出版社,2008:14.
3 参见《上海港史话》编写组.上海港史话[M].上海:上海人民出版社,1979:29.
4 刘诗平.洋行之王[M].北京:三联出版社,2010:59;转引自石浩.西方传教士郭实猎对近代中国的三次沿海航行及其影响[D].南昌:江西师范大学,2017:16.

这本中文刊物提供 6 个月经费。

于是，又有了郭实猎"气精"号对上海的探访。郭实猎的主要活动仍是在各个港口城市散发传教小册子，考察船在吴淞港停留了一月之久。此次航行于 1832 年 10 月初从澳门起航，10 月 26 日抵达广东海岸，11 月 8 日抵达浙江海域，11 月 15 日到达江苏沿海，12 月 3 日抵达山东沿海并开始返航。返航途中，在江苏海上搭救了一艘中国商船，获得了在吴淞港停留一个月的考察机会。1833 年 1 月 5 日"气精"号离开，1 月 17 日到达浙江金塘，1 月 24 日在舟山群岛登陆，4 月初到达厦门，4 月 29 日返回澳门。[1]

鸦片战争进攻上海

（一）吴淞之战（1842 年 6 月 16 日）

在郭实猎探访上海的 10 年后，鸦片战争爆发。英军进攻广东、福建和浙江沿海港口，陆续攻陷虎门、舟山、宁波、乍浦。1842 年 6 月，英军准备进攻上海。

双方军力情况对比。吴淞炮台分为黄浦江东西两岸：宝山的西炮台是主阵地，西岸土塘有 134 门炮，新月堰炮台有 10 门，共 2 700 名士兵驻守，由新任江南提督陈化成指挥，两江总督牛鉴在宝山县城督率；浦东的东炮台有 20 门炮，驻兵 1 000 人，由川沙参将和游击指挥。英军有战舰 8 艘、武装轮船 6 艘、运输船 13 艘，陆军 2 000 人，由海军司令巴加（W.Parker）指挥，旗舰为"皋华丽"号（HMS Cornwallis，又译为"康沃利斯"号）。[2]

吴淞登陆战爆发。1842 年 6 月 16 日凌晨 6 点半至中午 12 点，英军使用蒸汽轮船拖拽风帆战舰的办法，将战舰部署至炮台前。英军发起炮击，42 炮的"布朗底"号和 72 炮的旗舰"皋华丽"号炮击黄浦江西岸的土塘 134 门炮阵地；"摩底士底"号轰击 10 门炮的新月堰炮台；"西索斯梯斯"号和"谭那萨林"号炮轰 20 门炮的东炮台；"哥伦拜恩"号和"克里欧"号溯江而上，向吴淞镇推进。

---

[1] 石浩.西方传教士郭实猎对近代中国的三次沿海航行及其影响[D].南昌:江西师范大学,2017:17.
[2] 熊月之,袁燮铭.上海通史:第 3 卷:晚清政治[M].上海:上海人民出版社,1999:3.

"（中国军队）始终打得很凶猛，我方战舰在指定地点停妥后始行回击；双方连续炮战达两个半小时。……我方舰队自与中国军队作战以来，中国人的炮火以这次为最厉害。我军旗舰被击中多次，后樯被击中三炮，'布朗底'号被击中十四次，希威特海军中尉在甲板上被一颗炮弹击中而阵亡。'西索斯梯斯'号被击中十一次，其他舰只被击中多次。"[1]

经过 2 小时的炮击，吴淞口西岸阵地被毁。英军阵亡 2 人，受伤 25 人；清军阵亡 100 人以上。[2] 清军阵亡的将官有：江南提督陈化成，守备韦印福，把总龚龄增，千总钱金玉，外委许林、许攀桂、徐大华等。两江总督牛鉴带兵从宝山支援，但途中遭遇炮击，阵亡十余人，士兵军心浮动，主将亦惊慌，先退回宝山，后逃至嘉定和太仓，使得西岸阵地的陈化成孤立无援。[3]

中午时分，英军分两路登陆：一路从西岸土塘登陆，另一路由新月堰炮台登陆，进占吴淞镇。两路汇合向宝山县城推进，宝山的清军已撤退，英军不费一弹占领宝山。后几日，英军修整，并得到来自印度的马德拉斯土著步兵团、骑炮兵队和工兵团的增援。

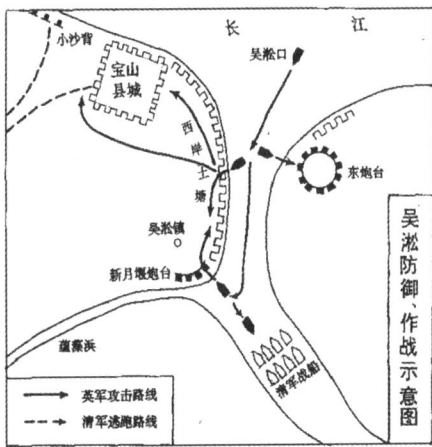

吴淞口战役示意图

（资料来源：茅海建.天朝的崩溃：鸦片战争再研究[M].北京：生活·读书·新知三联书店，1995：436.）

1　柏纳德."复仇女神"号轮船航行作战记//中国科学院上海历史研究所筹备委员会.鸦片战争末期英军在长江下游的侵略罪行.上海：上海人民出版社，1958：228；转引自熊月之，袁燮铭.上海通史：第 3 卷：晚清政治[M].上海：上海人民出版社，1999：4.
2　黄诺泽，庄驰原，吴慧敏.英国国家档案馆藏鸦片战争史稿[M].上海：上海书店出版社，2022：258-259.
3　熊月之，袁燮铭.上海通史：第 3 卷：晚清政治[M].上海：上海人民出版社，1999：4.

（二）攻陷上海县城（1842 年 6 月 19 日）

吴淞失守翌日（6 月 17 日），上级官员苏松太道巫宜禊假托解运上海县银两到松江府逃遁。本地官员上海知县刘光斗、典史杨庆恩、守备王嘉谟、千总徐朝栋留守上海县城。

1842 年 6 月 19 日一早，英军水陆并进向上海县城出发，下午 1 点半舰队抵达上海并炮轰城外阵地。右营游击封耀祖在县城以北五里的李家厂炮台防御，英军轰塌炮台，封耀祖败逃至泗泾。上海知县刘光斗投水被救，典史杨庆恩因监狱被打开、囚犯逃跑而投黄浦江殉职。

据英军记载："当我军进抵上海北门口时，那边显然没有准备进行什么抵抗，我们看到城门口仅有的两门大炮，对于我们似乎也不足为害。实际上，城门口已经找不到一个中国兵。我军派出两三名士兵，设法爬过城墙，把城门打开，其余的士兵也就由此进了城。我们这时才知道，中国地方当局于前一天晚上已经离开了这个地方。"[1]

从 6 月 19 日占领到 6 月 23 日撤离，英军一共占领了上海 5 日。英军之所以快速撤离，是要准备实施扬子江作战方案——深入长江与大运河交汇处，切断大运河对北方的粮食运输，迫降清政府。6 月 22 日，英国全权代表璞鼎查爵士到达上海，与远征军司令巴加爵士会晤，决定撤离上海，实施扬子江作战。

战争导致社会失序，上海匪患猖獗。虽然江苏巡抚上奏朝廷报告中说，英军在宝山、上海两县"掳掠无多，并无伤人及奸抢妇女之事"[2]，但上海逃避战争的百姓却深受土匪劫掠之苦，"午后闻吴淞口失守信，人皆窜城外。奸民载道，白日抢掠，西北二乡更甚，抛男弃女、呼爷觅母之声，惨不忍听"[3]。

1842 年 8 月 29 日，中英签订《南京条约》，涉及上海开埠的是第二款："自今以后，大皇帝恩准大英国人民带同所属家眷，寄居大清沿海之广州、福州、厦门、宁波、上海五处港口，贸易通商无碍。且大英君主派设领事、管事等官住该

---

[1] 柏纳德. "复仇女神"号轮船航行作战记//中国科学院上海历史研究所筹备委员会. 鸦片战争末期英军在长江下游的侵略罪行. 上海: 上海人民出版社,1958:60; 转引自熊月之, 袁燮铭. 上海通史: 第 3 卷: 晚清政治[M]. 上海: 上海人民出版社,1999:9.

[2] 熊月之, 袁燮铭. 上海通史: 第 3 卷: 晚清政治[M]. 上海: 上海人民出版社,1999:9.

[3] 曹晟. 夷患备尝记[M]. 上海: 上海古籍出版社,1989:119.

五处城邑，专理商贾事宜。"[1] 1843 年 10 月 8 日，中英就通商口岸的详细事宜作了具体约定——《中英五口通商附粘善后条款》（即《虎门条约》）。

1843 年 11 月 8 日，英国派遣鸦片战争中在上海作战过的马德拉斯陆战队炮兵上尉巴富尔（George Balfour, 1809—1894）到达上海，担任英国驻沪第一任领事。巴富尔与上海道台宫慕久协定开埠日期为 11 月 17 日。紧跟英国脚步的是法国，1847 年 11 月，敏体尼（Charles de Montigny, 1805—1868）在上海老城和英租界之间地区建立法租界，成立法国驻沪领事馆。至此，上海完成了开埠。

结　语

18 世纪中叶至 19 世纪初叶，英国正在进行第一次工业革命，1759 年、1792 年、1816 年，英国三次派遣商务代表或政府使团来华进京，均与上海擦肩而过，三次错过发现上海的机会。1831 年、1832 年、1833 年，传教士郭实猎三次赴华传教，偶然中发现了上海，由此开启西方探索中国沿海的热潮。1843 年的开埠，使得上海在一个国内海运港的基础上，叠加外贸、工商业等新功能，迈向近现代中国最大的国际贸易大都市。

值得思考的现象有二。其一，开埠不只是上海一口，而且不久之后，随着更多不平等通商条约的签定，沿海沿江的几十个口岸都开埠了，那么在得到外贸方面的机会是均等的，有些传统外贸港（如宁波）衰落成为支线港口，为什么只有上海从发展变为崛起？由此可见，开埠和外贸并不是导致上海崛起的支配性因素，其作用需要考量。其二，所谓"自治""高效廉洁""现代市政"的租界，不是上海一地独有，论租界的数量天津更多，论租界面积香港岛更大，厦门也有公共租界。

此外，后世学者在分析导致上海崛起的原因时提出了许多有利因素，有些因素在开埠前后并没有发生变化：一是上海港具有航运地理优势，"襟江带海"，黄浦江苏州河水系是联通江南腹地、长江流域和海洋的黄金水道；二是上海具有经济地理优势，腹地是中国经济中心，背靠富裕的江南地区，坐拥广阔的消费市

---

[1]　熊月之,袁燮铭.上海通史:第 3 卷:晚清政治[M].上海:上海人民出版社,1999:12.

场和商品产地。有人提出，是封建经济束缚了这些有利因素发挥作用，而资本主义和全球贸易从经济结构上重新组合了这些有利因素，解放了生产力，促进了上海经济发展，导致上海崛起。但是，具体如何重新组合了有利因素，比原来生产效率提升多少，是值得深入研究的。

事实上，资本主义对经济发展并没有神秘的魔法，西方商人在开埠后远赴上海的目的，是通过不平等贸易从中国带走利润，而不是开放上海、给上海谋福利。所以，19世纪上海的大发展，更多的是国内资源调度、整合的成功，开埠带来的国际贸易是叠加在国内成功因素上的外部利好因素。

04

书评

周育民

读《中国近代经济转型的历史逻辑》的几点心得

读《中国近代经济转型的历史逻辑》的几点心得

◎ 周育民[*]

看到杜恂诚先生的六卷本大书《中国近代经济转型的历史逻辑》（以下简称"《历史逻辑》"），令我十分激动和感慨。我是在 20 世纪 80 年代与杜恂诚相识相知的，虽然时间很长，但与他的实际接触比经济所和上海财经大学经济学专业的同行要少得多。在我的心目中，他始终是我尊敬的兄长、可为楷模的学者。杜恂诚一向低调，很少应酬，长期默默辛勤耕耘，著述无不史料扎实、立论严谨、俱有创见，为学界所重视。在我看来，杜恂诚是中国整个改革开放时代的一代学人中具有代表性的杰出学者，他对中国近代经济史研究作出了重大贡献。上海财经大学出版社将杜恂诚先生的大部分著述汇集出版，的确是做了一件功德无量的事情。

杜恂诚先生著述甚丰，有些并未收入《历史逻辑》，有些他还在继续进行之中，且因篇幅有限和我学力有限，难以在这里比较全面地叙述他对中国近代经济史研究的贡献。翻阅这六卷本的大书，我脑海里产生了一个问题——为什么杜恂诚要以"历史逻辑"这样的标题来概括他将近半个世纪来的学术研究成果？他想

* 周育民，上海师范大学人文学院教授，研究方向为中国近代财政经济史、秘密社会史，电子邮箱：zym54@shnu.edu.cn。

* 周育民，上海师范大学人文学院教授，研究方向为中国近代财政经济史、秘密社会史，电子邮箱：zym54@shnu.edu.cn。

要告诉读者，中国近代经济转型究竟是以怎样的历史逻辑演进的？下面略谈我的几点心得。

中国近代经济发展和演进，在新生产力引进和生产力的总体水平，以及客观经济规律的支配下，既受到中国的政治环境、国际环境、社会环境乃至思想观念的制约，也受到经济本身的行业结构、市场规模、制度习惯等的制约；既在这些制约下艰难前行，又在前行中要求突破和努力改变这些制约，从而形成了中国近代经济转型的特殊的中国"历史逻辑"。作为一位经济史家，杜恂诚用扎实的史料、缜密的研究，循序渐进地展开这一复杂而宏大的中国近代经济演进和转型的历史画卷。

第一，近代资本主义生产力和经济关系的发展是中国经济转型的主导因素，它的发展形式、构成、过程和历史命运，与中国国家政治权力的经济角色有着相当密切的关系。这在杜恂诚的代表作《民族资本主义与旧中国政府：1840—1937》一书中得到了充分的阐述。他认为，中国近代资本主义的兴起，始于鸦片战争以后的新式商业，是早期民族工业投资的重要来源之一。但在中国近代工业的早期，政府从一开始就以国家资本的形式直接投资并试图垄断和控制民族工业资本。甲午战争以后清政府的财政危机和民国北京政府时期中央政府的衰弱，在国家资本的逐步退出乃至中断的同时，出现了民族资本的投资热潮乃至发展的黄金时代。但南京国民政府成立之后，国家资本卷土重来，逐渐形成了国家垄断资本主义，旨在控制和垄断经济，最终扼杀了民族资本主义的生机。虽然国家资本在具体历史阶段的表现和作用有所不同，但民族资本在近代的历史命运，表明了近代政府在性质上是非现代的，由它掌握的国家资本所起的经济作用在总体上是负面的。这是杜恂诚对中国近代国家资本与民族资本关系长期历史考察和研究而得出的具有全局性的基本结论。

第二，中国的传统社会伦理关系和观念，只是使中国资本主义发展特点与西方不同，但它们既不是中国民族资本主义不可能发展的理由，也不能决定其最终历史命运。这是杜恂诚在《中国传统伦理与近代资本主义》一书中集中阐述的观点。马克斯·韦伯在《中国的宗教：儒教和道教》中认为，中国社会的物质条件虽然存在着发展资本主义的有利和不利的决定性因素，但其观念上儒教和道教的取向，"使得社会经济无法朝向西方资本主义之途演进"。从逻辑上说，如果韦伯的结论成立，中国近代资本主义最后走向末路，决定性的因素是中国社会的宗教和伦理，而非政府的国家资本控制和垄断。杜恂诚批评了韦伯的立论依据，列举了大量事实证明，在资本主义移植中国的过程中，中国传统伦理也在西学东渐过程中演变而具有了一定的现代性，构成了近代资本家和资本主义关系的重要伦理关系，家族关系、同乡关系以及其他传统社会关系成为近代企业发展的重要因素，同时不断吸收西方制度化、科学化的民族企业管理模式，而西方在华企业或中外合资企业，其运营和管理同样吸纳了许多中国的"传统元素"。杜恂诚有力地论证了自己的结论：问题的关键是中国的传统政治与新式经济的"不同质"，用历史唯物论的术语来表述，就是经济基础在改变，而政治的上层建筑并没有相应改变，新经济的成长反而成为"大一统"国家和享有特权的权贵们巧取豪夺的对象。

第三，以"二元经济"为基础的"二元社会"，决定了中国近代经济史的基本路径和线索。这是杜恂诚最主要的核心观点。所谓"二元经济"，指的是移植的资本主义生产方式与传统的旧生产方式同时并存，且新生产方式集中于少数城市而旧生产方式依然广布于广大城镇乡村，从而形成城乡对立。旧生产方式依然在经济上占据着主要地位，是传统专制集权政治体制顽固存在的主要社会经济基础，这种专制集权政治体制与资本主义经济发展需要的现代民主分权政治体制格格不入，阻碍了资本主义的发展，形成了所谓的"二元社会"。经济利益分裂、政治利益分裂、思想文化分裂，是这个"二元社会"的具体表现。就近代中国经济发展的主要线索而言，专制政权的强弱盛衰，往往是与经济发展成反比的。因此，杜恂诚提出了一个十分重要的概念，即中国近代经济发展的"政治周期"概念。他认为，中国近代经济发展，不能照搬西方资本主义"经济周期"的概念。在旧生产方式依然占据主导地位的情况下，中国近代经济发展主要表现为"政治周期"，它虽然与世界市场经济周期和本国经济因素共同起作用，但经常是起着主导作用。当然，旧中国政府并不是在近代任何时期、任何经济领域都总是起着消极作用的。统治集团出于政治需要、长远利益的考虑，会采取一些积极的经济财政政策，统治集团也有不少特权者出于私利会投资新式企业，这在杜恂诚的论著中有大量论述，但在他看来这并不能改变旧中国政府的基本性质和历史作用。

第四，中国近代经济转型，必然包括法规、产权、管理、交易等一系列制度变迁。对于这些制度变迁的研究，杜恂诚主张，要在弄清各种制度变迁历史的基础上，结合和运用西方制度经济学的理论，努力探索中国经济史研究的新范式，既重视历史实证研究的理论指导，又回应和突破理论研究中的难点和不足。他对中国近代金融史的研究全面而深入，在《金融制度变迁史的中外比较》一书中，系统地阐述了中国近代金融制度诱致型变迁和强制性变迁与国外实践的差异。在近代资本主义移植中国的过程中，无论是诱致型变迁还是强制型变迁，制度变迁的内生性需求往往决定了制度变迁的趋势。一般来说，在诱致型制度变迁过程中，一种合理化的制度变迁会引起制度变迁的连锁反应，并得到政府和立法的强制性变迁的配合。杜恂诚在他的其他论著中系统地考察了诸如保险制度、会计师制度、行业公会制度等的创立，金融业、商业等行业习惯的矛盾冲突和行业规则的调适制订乃至更高层面的制度安排，都生动地体现了中国近代社会经济制度变迁奋力前行的活力。但是，在南京国民政府成立以后，随着国家垄断资本主义的出现，强制型变迁脱离了诱致型变迁的基础，进行了一系列严重的逆向操作。"无限政府"对于制度变迁的内生动力，出于政府利益最大化和特权阶层的权力寻租，侵犯了私有产权和私有企业，并且拒绝市场机制的修正。制度变迁的目标不仅存在分歧，而且严重对立，这对于中国近代经济转型的前途是致命的。政治权力强制型制度变迁与诱致型制度变迁的逆向运作问题，这是杜恂诚对于制度经济学理论的一个贡献，它对于我们分析和观察许多第三世界国家现代化进程的重大挫折乃至失败，具有重要的理论意义。同时，对南京国民政府对制度变迁的"逆向运作"，也再次印证了他对中国近代经济转型与国家政权关系的总的历史结论。

为什么南京国民政府在定鼎南京之后，没有顺着制度变迁的正常逻辑而进行"逆向运作"？顺着杜恂诚的"历史逻辑"，我想，在"二元社会"中的中国国家政权，除了严峻的国际环境外，面对内部的经济利益分裂、政治利益分裂、思想文化分裂，压力极大，维护政治统治的成本极高。资本主义经济的成长，既为统治的利益集团创造了更多的权力寻租机会，也加剧了内部的分裂，民国时期的军阀混战，共产党人在南方的起义与割据，资产阶级和知识分子对于政治权力的诉求，都对传统政治模式改头换面的"党国体制"造成了空前的压力，宁可采取杀鸡取卵式的"逆向运作"，也是不愿走出专制政体"周期律"的国民党"党国"的必然选择。在中国经济向现代转型过程中，国家政权的强制型制度变迁如何与诱致型制度变迁目标协同一致，坚决避免"逆向运作"，尤其是拒绝市场机制修正的系统性"逆向运作"，对于中国经济现代化的前途是至关重要的。

从晚清到民国的经济史，杜恂诚研究得非常深入，史料相当充沛，经济理论和量化统计分析等经济学理论方法运用熟练而到位，马克思主义历史唯物论观点通透全书。他并没有全面研究中国近代经济发展的全貌，外国资本主义经济的侵略、传统农业、手工业和商业的近代状况等，在这部大书中都作为背景于相关部分提及，连他在 20 世纪 80 年代出版的《日本在近代中国的投资》也未收入，因此，六卷本《历史逻辑》，并不是他个人著述的简单汇编，而是根据他对中国近代经济转型的历史逻辑的基本学术观点编纂的，同时也体现了他近半个世纪走过的主要学术心路历程。就我对杜恂诚所阐述的"历史逻辑"的理解，他所提出的理论架构和结论，经得起学术和历史的检验，是具有强大生命力的。在杜恂诚的理论框架中，或许有可能形成一个中国经济史研究的"历史逻辑"流派。

本辑
作者
风采

刘守刚

1971 年生，男，上海财经大学教授，研究方向为中国财政史、西方财政思想史、财政政治学。

邮箱：liu893005@mail.sufe.edu.cn

范金民

南京大学历史学院教授，中国明史学会首席顾问，江苏省文史研究馆馆员，研究方向为明清社会经济史和江南地域文化。

邮箱：jmfannj@163.com

严斌林

1987 年生，男，毕业于复旦大学历史系，获中国史博士学位，南京理工大学马克思主义学院讲师。主要从事于抗日战争史、上海城市史方面的研究。

邮箱：yblyzl1987@126.com

张东宁

1992 年生，男，山东荣成人，复旦大学历史地理研究中心博士研究生，知识产权师，研究方向为历史人文地理、中外文明交流与文化互鉴等。

邮箱：dnzhang22@m.fudan.edu.cn

金任群

1967 年生，男，上海人，拥有 30 年快递行业从业经验，中通快递股份有限公司（NYSE：ZTO）副总裁、中通研究院院长。曾负责集团的信息技术、服务与支持、市场营销、国际快递等多项经营业务，中通航空筹备项目组负责人。

邮箱：jrq@zto.com

程霖

1963 年生，男，湖北罗田人，上海财经大学中国经济思想发展研究院院长、经济学院经济史学系主任，上海财经大学经济学院 / 中国经济思想发展研究院教授、博士生导师，研究方向为中国经济思想史、中外经济思想比较等。

邮箱：clin63@mail.shufe.edu.cn

张申

1987 年生，女，黑龙江哈尔滨人，上海社科院经济研究所副研究员，研究方向为中国经济学、中国经济思想转型等。

邮箱：zhangshen@sass.org.cn

李艳

1989 年生，女，河南周口人，上海财经大学经济学院博士研究生，研究方向为中国会计学构建思想。

邮箱：853172524@qq.com

李丹

1992 年生，男，湖北黄梅人，上海财经大学经济学院 / 中国经济思想发展研究院博士后。

邮箱：da13da14@163.com

杜佳峰

1985 年生，男，上海人，现任职于上海财经大学商学院，参与《上财商学评论》《海派商学研究》的采编工作。博士毕业于北京大学历史学系，博士后出站于北京大学哲学系，研究方向为城市经济、海派商业史。

邮箱：dujf@mail.shufe.edu.cn

周育民

上海师范大学人文学院教授，研究方向为中国近代财政经济史、秘密社会史。

邮箱：zym54@shnu.edu.cn

征稿启事

尊敬的读者和作者：

上海财经大学商学院已公开出版的《上财商学评论》，是一本致力于打造国内研究新时代"海派商学"的先锋出版物，尝试构建商学"研究"与"实践"并置的平台。《海派商学研究》在《上财商学评论》的基础上生长产生，并继续前行。

海派商学的研究宗旨：期望破除学科分类与专业研究的藩篱，促进商科与历史、社会、政治、文化等人类技艺的大融合，推动跨学科的商学研究；基于扎实的材料与数据，使用新颖合适的方法路径，探索中国商业文明中海量案例，揭示海派精神。海派商学的研究对象：经济、管理、商业史等领域的研究。

海派商学研究的时空范围。时间上的延续：从明清一直到现当代的商学。因为明清传统制度是理解近现代商业变化的基础；延续到现当代，是因为海派商学不仅是商业史的考据，更是为了服务当代商学，探索未来商业发展。空间上的层次：上海大都市圈，中国沿江沿海的城市，与之有紧密联系的海外地区。

《海派商学研究》设"企业家研究""产业研究""中国与世界""书评"等栏目，欢迎海内外学者赐稿与海派商学有关的论文、研报。

所有投稿均经评审，不论录用与否，均在 1 个月内予以答复。稿酬丰厚。

我们也将选取部分稿件发表于《上财商学评论》。凡被收录的文稿，如无电子版、信息网络传播权的特殊声明，即视为作者同意授权本研究文辑及商学院合作媒体进行数字化传播。

投稿邮箱：hpsxyj@mail.shufe.edu.cn
通讯地址：上海市虹口区中山北一路 369 号
　　　　　上海财经大学商学院（邮编：200083）
联系电话：021 6544 6905

附：

文稿体例

1. 文稿为论文格式，由文章名、作者署名、单位信息、摘要、关键词、正文、脚注组成。
2. 论文篇幅约为 8 000 ~ 10 000 字，摘要为 200 ~ 400 字，关键词 3 ~ 6 个。
3. 引文注释使用脚注方式，如①、②……的格式，每页重新编号。
4. 文献格式参照国标 GB/T 7714—2015，请参阅作者编辑常用标准及规范[M].中国标准出版社,2020:605-627.

示例：

专著与学位论文

① 陈登原. 国史旧闻：第 1 卷[M]. 北京:中华书局, 2000:29.

② 康熙字典：已集上：水部[M]. 同文书局影印本. 北京：中华书局,1962:50.

③ 中国职工教育研究会. 职工教育研究论文集[G]. 北京：人民教育出版社,1985.

④ 陈志勇. 中国财税文化价值研究："中国财税文化国际学术研讨会"论文集[C/OL]. 北京：经济科学出版社, 2011[2013-10-14]. http://apabi.lib.pku.cn/usp/pku/pub.mvc?pid= book.detal &metaid=m.20110628-BPO-889-0135&cult=CN.

⑤ 罗杰斯. 西方文明史：问题与源头[M]. 潘慧霞, 魏婧, 杨艳, 等译. 大连：东北财经大学出版社,2011:15-16.

⑥ KINCHY A. Seeds, sciences, and struggle: the global politics of transgenic crops[M]. Cambridge, Mass.: MIT Press, 2012:50.

⑦ 马欢. 人类活动影响下海河流域典型区水循环变化分析[D]. 北京：清华大学,2011:27.

专著中析出的文献

⑧ 马克思. 关于《工资、价格和利润》的报告札记 [M]//马克思, 恩格斯. 马克思恩格斯全集：第 44 卷. 北京:人民出版社, 1982:505.

期刊中析出的文献

⑨ 于潇, 刘义, 柴跃廷, 等. 互联网药品可信交易环境中主体资质审核备案模式[J]. 清华大学学报（自然科学版）,2012,52(11):1518-1523.

⑩ MASON F R. The american silk industry and the tariff [J]. American economic association quarterly,1910,11(4):12.

报纸中析出的文献

⑪ 丁文详. 数字革命与竞争国际化[N]. 中国青年报, 2000-11-20(15).

⑫ 刘裕国, 杨柳, 张洋, 等. 雾霾来袭, 如何突破 [N/OL] 人民日报,2013-01-12 [2013-11-06]. http://paper.people.com.cn/rmrb/html/2013-01/12/nw.D110000renmrb_20130112_2-04.htm.

文献类型和标识代码

普通图书为 M, 档案为 A, 期刊为 J, 报纸为 N, 学位论文为 D, 会议记录为 C, 汇编为 G, 报告为 R, 标准为 S, 电子公告为 EB, 数据库为 DB, 联机网络为 OL。